photo by Tomohiko Ando

photo by Tomohiko Ando

神の島に暮らすおじいとおばあが
教えてくれた内なる習慣

限りある人生は
静けさの中で

The limited life
in stillness

YOUKA

VOICE

はじめに

今、あなたは本当に幸せを感じていますか？
自分が本当に望む人生を、生きていますか？
心から満たされて、癒やされて、自分のことを愛せていますか？

以前の私は、これらの質問にウソでも「ハイ」と答えることができませんでした。ツラく大変なことが起きるたびに、孤独を感じ、人生の答えを外に求めて、内なる自分と向き合っていなかったのです。

♪ピーヒョロロロ　ピーヒョロロ♪

〝幸せを呼ぶ青い鳥〟として沖縄の人から愛されているイソヒヨドリの、可愛らしい歌声が聴こえたら、今日という日が始まる合図。私の久高島での一日が始まります。

「神の島」と呼ばれる、沖縄の本島から東の海にひっそりと、かつ確かな存在感を放ちながら浮かぶ久高島に移り住んで、早1年（2023年12月に移住）。

信号もコンビニもATMもない、**ただただ静かな時間がゆっくりと流れる久高島では、島の神様や自然と共生しながら朗らかに暮らす島の人々との出会いがありました。**

中でも、歩いて数十メートルのご近所さんである、気品あふれる93歳のおばあと、島の英雄の98歳のおじいには、家族のように接していただき、よく一緒に〝ゆんたく〟（沖縄の言葉で「気軽に集まっておしゃべりしたりお茶する」こと）しています。


「困ったときはお互い様ねぇ」

「ゆるっとう」（久高島の言葉で「ゆったりして」）


そう言って、慣れない島暮らしの私のことをいつも気にかけてくれる、美しいピュアな目と心を持った島の人たち。

お話ししているといつも、「この人たちは五感以上の感性が開いているんだな」と感じます。島全体が神聖な地で、神様のもので、人間の居住区域は島のごく一部（4分の1から5分の1くらい）。島の人々は神様の存在を身近に感じ、共鳴・共存しながら暮らしています。

しかも、久高島の代名詞ともなっているかつての祭祀《さいし》「イザイホー」では、島の女性たちが〝現人神《あらひとがみ》〟になっていたのですから、「神と共に在る」ことは島の人にとっては当たり前のことなのでしょう。

スマホも投げ出して、島の神様の存在を感じながら、大好きなおじいやおばあとのんびり過ごしていると、忘れかけていた大切なこと、自分の心、ひいては魂が知っていることを思い出すことができます。

それは、久高島という環境がもたらす**「静けさ」**の中にいるから思い出せたのです。

私はもともと看護師として、手術室救命救急センターでの勤務や医療介護の教員を経験してきました。その後、「心の在り方」を学ぶうちに、「医療福祉コミュニケーションカレッジ」を立ち上げ、コーチングセッションを行ってきました。現在までに、講演会やセッションを通じて、累計5万人にコーチングを提供しています。

医療介護従事者の方へセッションを実践すると、心地よい人間関係へと劇的に変えることができますし、本人の心にある本当の想いを引き出すことはできていました。

しかし、コーチングだけでは解決できない、深い心の傷があることに気づき、癒やし《ヒーリング》の領域も開拓。

そうして、オリジナルのメソッドである「Stillness healing（スティルネス・ヒーリング）」を開発するに至りました。

現在、全国にてワークショップや講演会、セッションなどで、スティルネス・ヒーリングを提供して、子育て中のママや起業家、政治家、専門職の方など、多くの人に心と体の癒やしをお届けしています。

そんな私が、琉球王国でも最高と名高い聖地である世界文化遺産「斎場御嶽《せーふぁうたき》」（※）から望む久高島にまさか移住するなんて……！　自分がいちばんビックリしていますが、これも島とのご縁がつながったからなのでしょう。

今は、希望される方には久高島でのリトリートを通して、心と体、そして霊性《スピリチュアル》を含むヒーリングを提供しています。

久高島にいると、新しい気づきが、毎日起こります。

情報にあふれ、流れの速い都会とは真逆の時空間ですから、都会の常識が通用しないこともしばしば。島には島の生き方があります。

久高島は私に、「静けさ」の中にいることを教えてくれました。**静けさとは、どの環境にいても誰もが入ることのできる領域です。**

私も、定期的に久高島を離れて本土に滞在しますが、その際は大好きな神社仏閣に立ち寄ります。そのような場所は、静けさに満ちています。だから、久高島でないと静けさを体験できないということではありません。

たとえば、神社仏閣に満ちる静けさに浸っていると、魂の声を聴くことができます。私自身、神社仏閣に通うことで、静けさの領域に入ることができ、自分の心の声に耳を澄ますと、魂の存在に気づくことができました。

静けさは時空間のようでもあり、習慣でもあります。つまり、静けさを習慣にすることで、いつでもどこでも、私たちは静けさの時空間に〝在る〟ことができます。

その静けさは、私たちに大切なことを教えてくれます。

あなたにとっての本当の幸せ、今回の人生で目標として決めてきたこと、深い心の傷もすべて癒やされた自分の姿、望む通りに人生を変えること、探し求めてきた答えが確かにあること――。

静かな習慣を持つと、それら大切なことの答えは、実は自分の中にすべてあったと気づ

くことができるようになります。

そこに至るには、ツライ修行もありません。痛くて怖い思いも必要ありません。

ただただ、昼寝をするように、夢を見るように、静かになる。

そうすると、**人はやさしくも簡単に自分を変えることができる**のです。

本書では、私が「人生を変える島」こと久高島で教わった静かな習慣、また島の人々とのほっこりするような関わりを通じて、さらには島の神様との交流や、心と精神の学びの道で得てきた気づきを、お伝えします。

また、コラムでは島のエピソードを、さらに誰でも簡単にお試しいただける「セルフ・スティルネスワーク」もご紹介いたします。

その内容を通して、読んでくださるあなたが、大切な自分のことをやさしく幸せに変えることができたなら、とても嬉《うれ》しく思います。

私たちは誰もがヒーラーです。そして、**人生の主人公として生きていくことができま**

す。

人生の途中で迷ったとき、恐れではなく愛を選べるように。悩みにぶつかったときでも、自分がイヤになったときでも、**「生まれ変わるなら、また私。大切にして大丈夫」**と思えるように。引きづり女（男）はやめて、今を生きられるように。

本書を読んでくださることで、自由に羽ばたいて、少し強くなったあなたに出会えたら嬉しいです。

久高島に流れる静けさのエネルギーと癒やしと愛と共に。

YOUKA（ゆうか）

※斎場御嶽（せーふぁうたき）：琉球王国発祥伝説にも登場し、琉球王国を創った神として知られる「アマミキヨ」が創ったとされる、琉球王国最高の聖地。2000年に「琉球王国のグスク及び関連遺産群」としてユネスコ世界遺産に登録された。
琉球王国時代には、国王が参拝し、また国の最高女神官である「聞得大君（きこえおおぎみ）」の就任式が行われた場所。聞得大君は、琉球国王と王国全土を霊的に守護する存在とされ、国王の姉妹など王族の女性が任命された。

第2章 内なる自分を愛《め》でるシンプルなコツ

第3章 静観して幸せになることを許可しよう

第4章 「静」は動きを止めると宿る

第6章 静かに願えば夢は叶う……231

治療・ヒーリングについて

統合医療とは、さまざまな医療を融合し、患者中心の医療を行うものです。
科学的な近代西洋医学のみならず、伝統医学と相補（補完）・代替医療、
さらに経験的な伝統・民族医学や民間療法なども広く検討しています。
本書ではあくまでもヒーリングやセラピーのみを推奨しているわけではございません。
ご自身の判断のもとお選びください。

第1章

「静けさ」を感じる日常

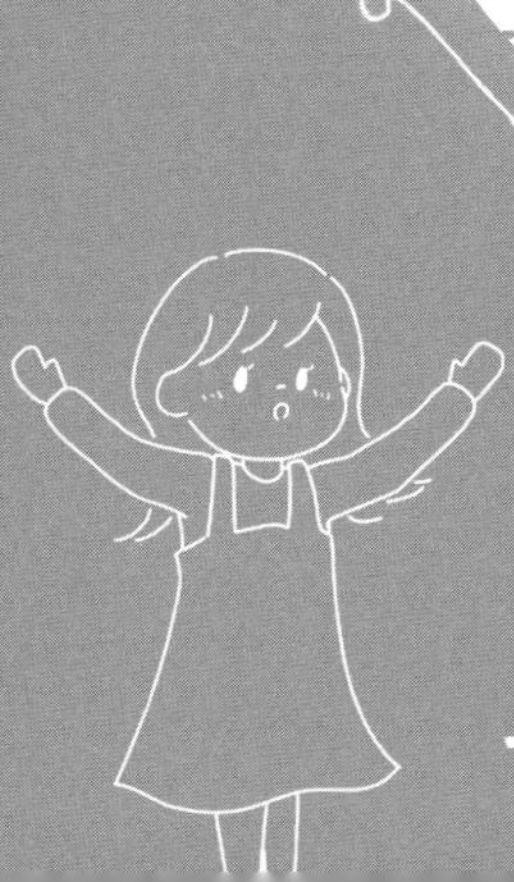

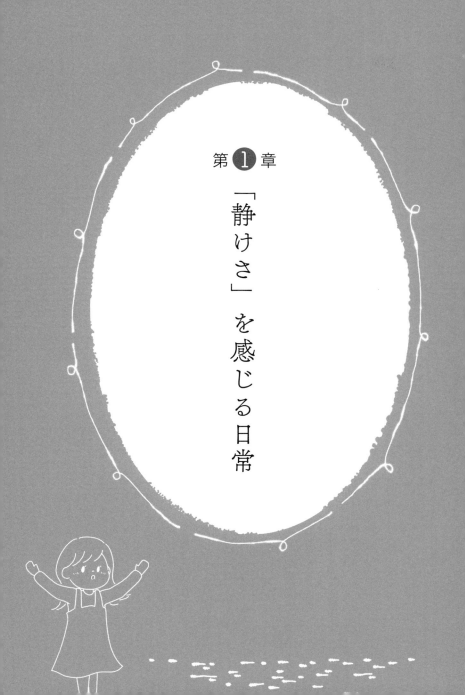

もしこの世に音がなかったら

みなさんは毎日の生活の中で、音がない瞬間があるでしょうか。
この世の中から音がなくなったら、どんな感覚、どんな世界になると想像できますか？

久高島にいると、音のない瞬間を体感することがあります。

夕方5時。ポーッという船の音が、徳仁港《とくじんこう》からかすかに聞こえてきたら、その日の最終船が島を発った知らせ。観光客も本島へ帰り、そこから先、翌朝8時発の本島の安座間港《あざまこう》からの船が久高島に到着するまでは、島の人々と自然、そして島の神様だけが過ごす時間です。

時折、虫の音や「キキキキ」というヤモリの声が響きますが、基本は波の音と共にシーンと静まる島の夜。星の瞬《またた》く音すら聞こえそうなほどです。

久高島にいるとこの環境に、ある意味、強制的に身を置くことになります。

そこで聞こえるのは、**自分の頭の声。静かに目を閉じ、深呼吸。**頭の中で次々と湧いてくる思考の声が静まるのをじーっと待つと、今度は**自分の内側からの声が聞こえてきます。**

それこそ、**自分のハートからの声。**その声の揺らぎに、心地よさを感じます。

昔の日本は、このような静けさが日常的にあったのかもしれません。インターネットがない時代、さかのぼればテレビもなく、灯《あか》りもままならない時代では、静けさの中での暮らしが当たり前だったと思います。

ネットの普及とともに、現代を生きる私たちは、時間に追われて情報にあふれた日々を生きています。常に他人と比べ、自分ではない外に軸を置き、ストレスフルな環境を体験している人も多いのではないでしょうか。

その結果、音が鳴りやまない世界に身を置いています。音の中には、心地よくない、不快な音だってたくさんありますよね。

ある調べ（※1）によると、不快な騒音によって健康被害を受けている人は300万人ほどおり、そのうち3000人の方が過剰な騒音によって心臓病となり命を落としたという報告があげられているそうです。

このように音が健康に悪影響を与えるという可能性は、古くからいわれており、看護師の母として有名なフローレンス・ナイチンゲール（1820－1910）は、**「無用な騒音はケア不足の最たるもので残酷な状況」**と述べています。子どもの突然死の原因にもなるというナイチンゲールの主張は、20世紀半ばに、高速道路や空港による騒音問題と高血圧の相関関係が発見されることで、再び脚光を浴びることになりました。

そのくらい「音」というのは、私たちの生活にも心身の健康にも影響を及ぼしているのです。

「あれ？　今って2025年だよね……」

久高島では、時間だけでなく、時代の感覚も錯乱することがあります。

私は、久高島に移住したのですが、家族が暮らす関東へも時々戻ります。そのため、内地（沖縄以外の日本）にいるときの感覚のまま久高島に帰ってくると、「あれ？　タイムワープまでした？」と、ハテナマークが浮かんでしまうことがあるんです。

そのいちばんの違いは、「静けさ」。音がないこと。

どれだけ、内地にいるときは音を浴びているのか、まざまざと感じます。

その「静けさ」を味わうと、鳥のさえずり、波や風の音がゆっくりと自然の声として聞こえてくるのです。

久高島の98歳のおじいと93歳のおばあは、「静かなのがいいね」と言います。音のない静かな環境でずっと生まれ育っているので、その静けさが当たり前。それが現代でも変わらずに保たれているという側面からしても、久高島が大いなるなにかに、特別に護《まも》られているのではと思わざるをえません。

きっとこの本を手にしてくださったみなさんは、久高島のことを知っている、または訪れたことがある人が多いかもしれません。「神の島」と呼ばれ、「イザイホー」という祭祀がかつて行われていたことでも、久高島は名が知れています。

久高島は、トゥクトゥクや自転車で2、3時間あれば一周できる小さな島です。本島から船に揺られ数十分で着く、人気の〝観光スポット〟でもあるのですが、祈りの場でもあるため、当の島の人々からは、「あんまり大勢の人が来られても……」との声も聞こえます。

これだけ聞くと消極的に思えるかもしれませんが、観光客を拒否しているわけではありません。ただ、賑《にぎ》やかな場所になることを好んでいないように感じます。

久高島の人々にとって、沖縄の那覇はすごく賑やかな場所。もし同じようになれば、島の本来の静けさが奪われてしまう。静かなままがいい。それが、この島のいいところ。

そう思っていることは、島の人々の暮らしを見ていると伝わってきます。

久高島で生まれ育ち、仕事や結婚などの関係で、島を離れて本島や内地に移り住んでいる人は多くいます。そのような人たちも、祭祀や家族のお祝い時、休暇には島に戻り、家族と共に過ごします。

〃帰ってくる〃場所だからこそ、島の良いところである静けさを、いつまでも保ち続けられるように、誰もが大切にしているのでしょう。

私も、久高島だからこそ体感できる「静けさ」に、幸せを感じます。

島の自然と神様と、自分自身が一体となれる、静かな時空間──。
その静けさに、感謝しながら久高島での暮らしを味わっています。

※1：2011年の世界保健機関（WHO）の発表によると、「西ヨーロッパやアメリカには不快な騒音によって健康被害を受けている人がそれぞれ300万人ほどおり、心臓病によって失われた命のうち3000件は過剰な騒音によってもたらされた」と報告されている。

手放すことを教えてくれる、ひとりの時間

「今日もつながらないねぇ」
「1か月ぶりに電波入ったよ」

これが携帯電話の電波の話だなんて、きっと思わないですよね？

しかし久高島にいると、日常の会話になってきます。そのうち電波すら、スマホの存在すら確認しなくなることも。

島の誰かに用事があったら、直接会いに行ったほうが早いからです。

慣れた口調で言っていますが、はじめ私はプチパニックでした（笑）。

引っ越し当日、荷物のことや家のライフラインなど、あれこれと手配が必要だったのに、連絡をしようにもつながらない。まず自分のスマホの電波が入らない。

内地での電波環境に慣れきっていた私は、「どうしよう！！！」と真っ青になったものです。

リトリートで島に来られる方の中にも、スマホがつながらないことに動揺される方もいます。

そんな時は、強制的にひとりの時間を与えられたと思って過ごしてみるよう、おすすめしています。

やっとつながったと思っても、予測もなしに突如電波は切れるので、そういうときは「なんとかしなきゃ！」と躍起になるのではなく、スマホのことは放って違うことをするのが、私の島での在り方。

そのうち元に戻っているでしょ。いつかつながるでしょ。どうせならひとりの時間を楽しもう。

このくらいのマインドでいると、思いがけず贅沢《ぜいたく》なひととときを過ごせることもあります。

「こうあるべき」「こうしなければ」「絶対こうでなければならない」

現代社会で真面目に生きていると、このマインドが刷り込まれているかもしれません。

かつての私が、そうでした。
「頑張らなければ」と、激務をこなし続け、ついには病気になって強制終了がかかったことで、やっと「ねばならない」マインドから離れることができたのです。

ですが、何も私のように病気になる必要はありません。
ただただ、手放せばいいのです。

スマホの電波がつながらないと不安。
外の世界とつながって情報を常にキャッチしなければ。
なんとかしなければ。
絶対にこうあるべきなんだ。

それらを、手放す。
そして、ひとり静かな時間をじっくりと味わう。

そうすると、**外に向いていた意識が自分に向き直し、「自分軸」でいられる**ようになるのです。

「デジタルデトックス」なんて言葉がありますが、あなたも定期的に、スマホを放ってネット環境や情報から離れて、ひとり静かな時間を過ごされてみてはいかがでしょう。

余白ができると、ふと良い引き寄せや未来が向こうからやって来ますし、きっと大切な自分自身と向き合うことができるはずですよ。

リトリートに参加するため、空港へと向かう直前に車のトランクの荷物をすべて家の庭に置いてきてしまったご夫婦がいました。ご夫婦は、それに気づくと、手放そうと意識を変えて、大爆笑をして沖縄まで飛んでこられました。「すべてを手放す練習だったのかも?」と言われていました。

どんどん手放していく、軽やかな時代になりましたね。

ハタスでできる神様の作物をいただく

久高島の人々の間には、島で暮らすにあたり、いくつかのルールがあります。

そのひとつが、島の土地は神様のものである、というものです。

かつて、島では家族の人数分、畑が割り当てられ、今もそのシステムは継がれています。

それはなぜか。その答えは、

島の土地は神様からの借り物だから。

神様に借りた土地を、みんなに分配して、そこを畑としたのです。今でも、93歳のおばあは、毎日家から数メートルのところにある畑を耕していますが、〝自分の土地〟という感覚ではなく、**〝神様から借りた土地〟で作物を作らせてもらっている**という想いでいるように感じます。

島では、畑のことを「ハタス」と呼びます。それぞれに割り当てられた畑の土地もありますが、島みんなで面倒見ている畑を「ハタス」と呼んでいます。

そこでは、子どもたちと一緒に畑仕事をしたり、祭祀のために島の人々が集うことも。そのハタスを管理している方がいらして、島の高齢者の作業所と連携し、ハタスで採れた自然を素材に、イザイホーに出たおばあたちが年間を通して「がんしな」というお守りなどを作って全国へ販売しています。ご利益を受け取りたい方からご予約が殺到し、即完売してしまうほど人気です。

今も久高漁港ではカツオやタコなど、島の人々にとって大切な栄養源となる魚が獲れますが、昔に比べたら漁師さんも減ったといいます。

かつて久高島に生まれた男の子は、生後3か月くらいになると、立派な海人《うみんちゅ》(海の恵みを受け漁業に携わる人)になれるよう、舟漕ぎの儀式が行われていたそうです。そして16歳になると一人前の海人として、首里王府時代には活躍していたという記録が残されています。

島の男性は、家族、そして島の人々が食べられるように漁に出ます。その間、神人《かみんちゅ》(神事を行ったり、神様を祀る巫女《みこ》のような役割の人)である女性は子育てをしながら家を守り、男性の無事を祈りながら畑を耕すのです。

そのような役割のもと、命の源である食の恵みを得ていたようです。

93歳のおばあはいつも、「**五穀の始まりは久高**なんだよ。琉球にとっての始まりなんだよ」と教えてくれます。

それを裏付けるように、久高島には島の創世神話がいくつか残されていますが、その中の『穀物伝来神話』で、神様が久高島に穀物をもたらしたと記されています。

「昔、大里家《ウブラトゥ》にシマリバー（女）とアカツミー（男）が住んでいた。ある日、アカツミーがイシキ浜で漁をしていたところ沖の方から白い壺が流れてきた。アカツミーは壺を拾おうとするが沖に戻されてなかなか取れない。そこでアカツミーは一応帰り、そのことをシマリバーに話した。シマリバーは、まずヤグルガー（井泉）で身を潔《きよ》めて白い着物を着て挑めば取れると教えてくれた。アカツミーはその教えどおりにしてふたたびイシキ浜に行った。さきほどまでどうしても取れなかった白い壺が、ふしぎなことに難なくアカツミーの白衣の袖に入った。その白い壺には麦、粟、アラカ、小豆の種が入っていた。麦と粟はハタスというところに植え、壺はそこに埋めた。麦、粟はここからシマ中、クニ中にひろめられた」

（文献1『日本人の魂の原郷　沖縄久高島』比嘉康雄 著／集英社新書）

この神話に登場する伊敷浜《いしき》は、島の東側に位置するため、朝日を望むことができる場所です。

この浜でキラキラとした朝日を望むたびに、私たちが今日も満足にごはんがいただけることへの感謝の気持ちが自然と湧いてきます。

神話には、「麦と粟はハタスに植え、壺はそこに埋めた」とあります。このハタスこそ、島のみんなで守っている〝ハタス〟です。

ここから島中、そして国中へと穀物が広がったということは、久高島のハタスは日本のみなさんにとっての命の源ということなのでしょう。この場所で夢のタネを植えて、神様に誓いを立てて帰られる方もいらっしゃいます。

神話にも登場するくらい、とても重要なハタスなのですが、実際の畑仕事は簡単ではありません。ハタスは集落から離れた、島のほぼ中央あたりに位置しているため、水道が引いてありません。そのため、水を貯めて使っています。

そんなハタスで作られる作物は、神様からもたらされたものであり、同時に神様の作物でもあります。その豊かさを感じながら、丁寧に麦茶をいただいています。

久高島に来てから、特に93歳のおばあから、日々ゆっくり丁寧にごはんを食べて、お茶を飲むことの大切さを教えてもらいました。

島の方が教えてくれたのですが、麦茶は煮出した後、黒糖と煮ると甘くてデザートぜんざいになります。そうすると最後まで命をいただく感謝にあふれます。

おばあも自分が食べる作物は、自分の畑で作っています。時には裸足で土を耕し、種を植えています。南の島ですから、作る作物は限られてしまいますが、それでも立派に育つように、長年の経験と知恵を生かして耕しています。

たとえば、沖縄でたくさん採れる作物といえば、ゴーヤ（苦瓜）です。私が暮らしていた関東地域では、ゴーヤは支柱仕立てで上に伸びるように育てる光景を目にしていましたが、久高島ではスイカのように地べたに這《は》うようにして育てています。これは、台風が何度も来て倒されてしまうことを防ぐため、自然に背く形ではなく、最初から**自然に合わせた農法**で作っています。

おばあも高齢ですし、沖縄の夏は暑いですから、長い時間外に出ていることは体力的に危険です。なので、体に無理のないように、自然の流れに合わせて、朝涼しい時間に無理なくその時々の作物を作っています。

自分の手で耕しているので、当然、害虫もやって来ます。その対策として、レモングラスを茂らせているのも、知恵のひとつでしょう。農業をしている方にとっては当たり前のことかもしれませんが、おばあも長年の経験から、レモングラスがあると害虫が寄ってこないとわかって、畑に生やしています。

沖縄で有名な月桃《げっとう》も同じような効用があります。しかも月桃は、蒸してムーチー（餅）を作ったり、蒸留してスプレーにしたりと、用途はたくさん。

私もおばあからおすそ分けしてもらった月桃を乾燥させて、お茶にして楽しんでいます。おばあの畑はとっても豊かで、甘いパパイヤやバタフライピーなど、色あざやかな青をはじめ彩り豊かで、目で見ても食べても癒やされるものばかり。息子さんがいつもシークワーサーをおすそ分けしてくれるので、ご近所さんからいただいたバタフライピーをお茶にしてそれを数滴垂らしては、青から紫色に変化するのを、おばあやお客さんと五感を使って楽しんでいます。

自然の循環にのっとり、神様の作物を育てて、その恵みを命の源としていただく。それを、ゆっくりと静けさの中で丁寧に楽しむひとときは、贅沢で幸せなものです。

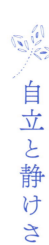

自立と静けさ

私は高齢者看護を専門にしてきて、身寄りもなく、家族がいたとしても忙しくてなかなか会えず、寂しい想いをしながら施設で暮らしている高齢の方を、たくさん見てきました。中には、精神的に自立して、趣味や好きなことを楽しんでいる方もいましたが、ほとんどの高齢者さんはひとりで寂しそうにしていた姿が焼きついています。

だからこそ、久高島に来て、98歳のおじいも93歳のおばあも、ひとり暮らしだということにビックリしました。

どちらも息子さん夫婦がスープの冷めない距離に住んではいるので、毎朝顔を出すなど、交流は日々ありますが、おじいもおばあも、人生の伴侶に先立たれてからはひとりで生活しています。

実はこれが、幸せに長生きする秘訣の1つではないかな、と思っています。

もちろん、家族の存在はとても大切です。私も、妻であり母であるので、家族の存在のありがたさは実感しています。

けれど、必要以上に家族優先になってしまったり、自分をおろそかにして、自分軸からズレてしまうこともあるかもしれません。それこそ、静けさを感じることが難しい日常かもしれませんね。

だからこそ、**一番近い存在でもある家族とは、適度の距離感を保つことが、幸せに生きるうえで大切なのでは、**と思うのです。

おじいは今でも、自転車に乗って島を移動しています。私が散歩していると、向こうからゆっくり自転車を漕いできて、笑顔のおじいと遭遇することは日常茶飯事。そのまま、おじい行きつけの島のご飯屋さんに行ったり、お茶を飲んでゆんたくしたりすることもあります。

おばあもコルセットを巻いて、手押し車を押しながら、畑に行ったり、お散歩したりしています。

食事もシャワーも着替えも、できることは、全部自分でする。

おふたりに共通するこの姿勢が、いつまでも元気に、自分らしく生きる秘訣なのでしょう。

そして、おじいとおばあのご家族との関係性を見ると、親への敬い、そして子を尊重する想いが垣間見られて、それはそれは素晴らしいなと感じます。

「高齢なんだから、一緒に暮らして介護しなきゃ」「親の世話は面倒くさい」「子どもがまったく面倒みてくれない」

世間一般では介護にまつわるそんな声が聞こえますが、久高島では家族みんなが**気遣い合って、尊重し合って**います。

お互いに好きなことをして、共存している。

そんな理想的な家族の関係性が、ここでは自然と成り立っているなと思います。

おじいもおばあも、家族からの支えに感謝しながら、**静けさの中、自分を大切にして今日という日を生きています。**

自分にとって頼れる神社仏閣と出会う

あなたは神社仏閣巡りが好きですか？　好きな神様がいるお気に入りの神社やお寺はありますか？

私が介護医療の分野から、ヒーリングの世界へ、そしてスピリチュアルな世界を探求するに至った入り口は、神社仏閣巡りでした。

今も全国の神社仏閣へ訪れることが好きですし、有名ではなくても、その土地や人々を守っているお社《やしろ》や鳥居を見るとワクワクします。

御朱印帳が何冊もたまるほど、全国で開催する講演会の前日には、呼んでくださった感謝を伝えるため各地の神様にご挨拶していたのですが、巡り巡って、最後に呼ばれたのが沖縄、ここ久高島でした。

ここでは、久高島の神様との出会いがありました。

日本創世の神話では、夫婦神により島が創られたと記されていますが、琉球にも久高島創世の神話が残されています。

昔、アマミヤ（女神）とシラミキヨ（男神）が東方の海の彼方（ニラーハラー）から久高島にきた。ところが久高島は東の波は西に越え、西の波は東に越え、海水の中にたゆたい、まだ島の形はなかった。そこでアマミヤが持参のシマグシナーと称する棒を立て、神に頼んで天から土、石、草、木を降ろしてもらった。それで久高島ができた。

（文献1）

このアマミヤと記されている女神が、「アマミキヨ」として知られる琉球の祖神。アマミキヨとシルミキヨ（現代での呼び名）の居場所やお墓などについての逸話は、沖縄の島を隔ていくつもありますが、久高島にもあります。

アマミキヨが最初に腰をかけた石や、島創りに使ったとされる棒が伝承されています。神というより島みんなのご先祖様のような存在で、今なお親しまれています。

私にとっても、アマミキヨ様との出会いが、久高島に渡ってくる大きなきっかけとなりました。


久高島の集落を抜け、途中ガタガタな砂利道をゆっくりと自転車で進みながら、島の歴史をずっと見守ってきたであろう、大きな大きなガジュマルにご挨拶して、さらに草木の道を進んでいくと、突如、パーっと目の前の視界がひらけてきます。

両側には、私がジャンプしても届かないくらい、元気に茂っている御神木でもあるクバ(フバ)やアダンの木が、そわそわと風に揺れています。天然記念物の植物群落を抜け、真っ白い砂に目が眩《くら》みそうになりながら進んでいくと、そこは島の先端。「カベール岬」(ハビャーン)と呼ばれ、アマミキヨが降臨した(一説には、舞い降りる縦軸ではなく水平に「ニライカナイ」からやってきたともいわれています。ニライカナイとは、理想郷であり神々が住まう場。死後の世界）と伝えられている聖地です。

昔、久高は「クバ島」と呼ばれていたことがあったといいます。それというのも、かつて神様はクバの木を持って降りてくるという信仰があったそうです。つまり、クボウ（フバ）は地上から天に上る柱、神木そのもの。島では、男を「フボーリー」と呼び、フバとつながっていて立つもの、女はそれを育てるものとされます。

太陽に感謝し、原始の自然崇拝が生きる久高島では、クバをはじめとする植物などの自然環境の保全も必須です。

岬に通じる、慣らされた白い砂道の先に続く、黒いゴツゴツとした岩を踏みしめながら、一歩一歩とさらに先へ足を進めていくと、バシャーン！と透き通った海からの水しぶきに太陽の光がキラキラ当たり、小さな虹が現れます。

「アマミキヨ様、今日もこの地で幸せに過ごせることが嬉しいです。ありがとうございます」

深呼吸をして、そう手を合わせながら朝日を迎えることが、私にとっての久高島での最高のひとときです。

この地にいると、アマミキヨ様の大きな深い慈愛に、常に包まれる感覚を抱きます。それは私だけでなく、島の人々みんな、そしてお客さんもこの場所で涙される方が多いのです。おばあがそれを見て「神様が泣かせたんだね～」と話してくれた時、それを聞いたお客さんがまた号泣されました。誰もが美しいカベールにニライカナイを感じているのでしょう。

カベールに行く途中、よく蝶《ちょう》が導いてくれます。

そんな蝶は、ニライカナイの使者だともいわれています。ちなみに、沖縄の県蝶「オオゴマダラ」は、日本最大級の蝶々で、幸運や繁栄、平和と長寿の象徴とされて、その優雅さから「南国の貴婦人」と呼ばれているそうです。きっとあなたのことも迎えてくれるでしょう。

アマミキヨと名を持つ特定の神様だけでなく、島の人たちには森羅万象の概念が自然と根づいているため、目には見えなくても自然界に存在している島の神様を想いながら共存しています。

形はなくとも、ただそこに在る存在を感じながら、共に生きる。

それが、島の人たちにとっての、頼れる神社仏閣なのでしょう。

久高島の〝神女就任儀式《たまがえ》〟「イザイホー」は、30歳から41歳までの久高島生まれの女性が参加する祭祀です。1978年を最後に、現在は執り行われていませんが、島を代表する祭祀として今でも大切に語り継がれています。

イザイホーは、普段は主婦として家を守っている女性たちが〝神女〟になるという、12年ごとの午年《うま》に行われていた儀式。参加した女性たちは、儀式で神女になると、その後40年間、神女をつとめていたといいます。

つまりは、久高生まれ久高育ちの主婦であるお母さんたちが、神となる時。島内の御嶽《うたき》で禊《みそぎ》をしてから、「七ツ橋」と呼ばれる場所を渡ることであの世とこの世を行き来し、ご先祖様と合体して守護力を引き受けるという儀式です。

島全体が見守る中、最後は舞と歌で歓喜に包まれながら、4日間にわたって行われる儀式には、アマミキヨ様をはじめとする、目に見えない存在たちも人間と一緒に参加し見守ってきたといわれています。

93歳のおばあは、なんとイザイホー儀式に参加し、〝神女〟として生きたひとり。98歳のおじいも、何回もイザイホーを見守り、儀式を支える男性としての役割を果たしてこられました。

イザイホーの最中には、説明がつかないような神がかった現象が起きたこともあったといいます。

神女になる儀式が、かつては当たり前のように神聖に執り行われ、島総出で参加していたというお話からも、久高島の人々は、神と共に在る暮らしを続けてきたのだと言えるでしょう。

ニコニコしながら朗らかに品良く佇《たたず》むおばあと一緒にいると、神様の高貴さや愛を感じることができるのも、さらには戦争による死の間際から逃れ、その後は島のために良きことをたくさん成し遂げてきた英雄おじいから、並々ならぬ雄大さを感じるのも、「おじいとおばあは〝現人神〟だからなのかな」なんて、いつも思っています。

自分の家に聖域《サンクチュアリ》を

久高島では、アマミキヨ様のような名のある女神も、島の神様の一部であるととらえられています。そのため、神様と宗教が結びついていません。神様は神社仏閣にいるという考えが、そもそもないのです。

だから、私が「内地の神社に行ってきたんだ」なんて話をすると、私が特定の宗教を信仰していると思われ、「あんたはどこの宗派？」と聞かれることもあるんです。

久高島をはじめとする琉球では、**先祖信仰**が一般的です。そのため、内地生まれの私たちにとってはよくある、「○○様（神様）を信仰している」「○○様がいらっしゃる神社に行こう」という概念は、近年になって琉球に渡ってきたのではないかなと思います。

特に久高島では、特定の神様を信仰する風習はかなり薄く、自分たちのご先祖様を信仰して大切に扱っています。

私が住まわせてもらっている久高島の住居は、空き家になったままでは家も朽ちてしまうからと、島の方のご紹介があり、住まわせてもらうことになりました。

トイレは改装したり、家の中は自由に使っていいとのことでしたが、1つだけそのままにしておいてほしいと、持ち主の方と約束したことがあります。

それは、お家にあるご先祖様の仏壇はそのままにしておくこと、でした。

確かに私が暮らす家の玄関をくぐると、目の前の和室に、ドドンとこのお家のご先祖様、そして先代の写真が並んでいます。綺麗に保たれてきた様子がうかがえる仏壇に手を合わせると、代々、ご先祖様を大切にされてきたのだろうな、と伝わってきます。

私とは血のつながっていないご先祖様がまつられているのですが、仏壇は私の家の中の聖域。

ご先祖様を前に手を合わせると、自分の周りがシンとして空気が変わる感覚があるのも、聖域になっているからなのでしょう。

時代を感じさせる先代たちの写真とは別の場所に、私の亡き父の遺影も静かに飾らせていただいています。持ち家のご先祖様と私の父には、毎朝のご挨拶からはじまり、リトリートのお客さんや遊びに来てくれたお友達からお土産をいただいたときは、真っ先にご先祖様にお供えしてご報告してお供えします。

また、嬉しいことや困ったことがあったときも、手を合わせてお話ししています。

沖縄の風習に「シーミー」があります。これは先祖供養の行事ですが、シーミーの時は、お家のような大きなお墓の前で、家族総出でごはんを食べるというのが習わしです。

しかし久高島ではお墓の前でごはんをみんなで食べる風習はなく、その代わり、自宅の仏壇の前で家族・親戚みんなで集まって、ワイワイ賑やかにごはんを食べるそうです。

ご先祖様は神様。だから、我が家には神がいる。神と共に暮らす。

これが、久高島の人々の日常です。

「ここに住まわせていただいて、ありがとうございます」

この家に呼んでもらったのも、このお家を守ってきたご先祖様とのご縁がつながったからなのでしょう。

あの世から見守ってくれているご先祖様に、感謝を込めて、今日も、心静かに手を合わせています。

あなたも、仏壇や神棚がなくてもよいのです。あなたが**手を合わせたい写真や飾り棚を作って、いつも手を合わせる**ことで、「静けさ」を感じることができるでしょう。

【column】

米兵に連れられそうになったおばあの話

私が久高島に移り住んでから、毎日のように顔を合わせ、仲良くさせてもらっている93歳のおばあは、イザイホーに出て〝神女〟になっただけでなく、沖縄戦争も経験しています。

おばあが5年生、戦争の真っただ中だったある日。本島に避難していた頃、沖縄には敵軍の米兵がたくさんやって来ていました。

おばあが外にいると、ふいに両腕をぴょんと引っ張られ、気づいたら馬に乗せられていたというのです！

ビックリしながらも、ギャーギャー騒いだところ、通りがかりの日本人が「下ろせ」と、おばあを捕まえた米兵に対してジェスチャーで指示をしました。

そのため、無事に下ろしてもらえたと言います。

「あの時、下ろしてもらえたから、私は今、ここにいるんだよ」

そう話してくれたおばあ。いつも穏やかな表情を浮かべている優しいおばあですが、小さい頃にはこんな怖い経験をしたそうです。

「おばあがあの時もし連れていかれていたら……今、会えなかったね」

と、2人で涙したものです。

セルフ・スティルネスワーク1

浄化とプロテクション

浄化とプロテクションのためのグラウンディング＆センタリング

グラウンディングとセンタリングのワーク

五感を開くためにも、しっかりグラウンディングとセンタリングをしましょう。
それにより、とても大切な「浄化」と「プロテクション」ができます。

浄化の方法はクリスタルやお塩、セージやアロマ、断捨離、朝日を浴びるなど、いろいろな方法がありますが、ここでご紹介するのは、何もなくても1人でできる方法です。ぜひやってみてくださいね。

体調不良やＨＳＰ（ハイリーセンシティブパーソン）、ウツの方にもオススメです。

グラウンディングとセンタリングは、ヒーリングの基本技法で、自分とつながり、大地と天(宇宙)とつながるイメージング方法です。これだけでも気が動き、ヒーリング効果があり、生き方にも影響してきます。

セルフ・ヒーリングをするときにも、人からセラピーを受けるときにも、グラウンディングとセンタリングができるだけで、自分の軸がブレなくなり、癒やしの効果も見違えて変わってきますよ。そして、自分の身体が「今ここ」にあるのを感じられるでしょう。

この後の〈セルフ・スティルネスワーク2〉以降のワークをする前にやると、イメージがより湧きやすくなりますよ。

1 グラウンディングの方法（地に足をつけて揺らがない状態）

リラックスした姿勢で座りましょう。

（横になった状態でも大丈夫）

目を閉じて深呼吸します。いらないものを吐き出して……。

足の下に新しい地球をイメージします。その真ん中からエネルギーが湧き上がってくるのを感じます。深呼吸を続けて……。

思考が湧き出ても構いません。そのままその思考を川の流れのように眺めていると、流れて消えていきます。

ゆっくりあなたの足の裏、お尻のあたりから、大地に向けて根っこが生えてくるイメージをしましょう。

呼吸をすればするほど、あなたはしっかりグラウンディングできてきます。

日常生活でも、温泉や大地、海など自然の中でアーシングやグラウンディングが簡単にできますので、意識してやってみてください。

2 センタリングの方法（自分の中心に意識を集めて自分の軸を整えること）

深呼吸を続けます。

大地から上がってきたエネルギーがゆっくり、足の付け根や会陰（第1チャクラ）、お尻、下腹部、腰（第2チャクラ）、胃のあたり（第3チャクラ）、肩甲骨の裏、胸、心臓（第4チャクラ）の辺りへと、呼吸をすればするほどエネルギーが螺旋《らせん》を描きながら上がっていきます。

大きくなったいらないもの（感覚や思考）を吐き出して……。

エネルギーが上へ上へと、上がっていきます。体の中の感覚を感じていきます。

ただただ、「足があったかいな、お腹減ったな」など、ありのままを眺めます。

いらないものを吐き出して……喉、肩、腕、手、指先の力が抜けていきます。

喉（第5チャクラ）の呼吸がしやすくなります。

深呼吸を続けます。

アゴの力も、奥歯の噛《か》み締めも「だらーん」としてきて、リラックスします。

鼻、その奥の空間も、呼吸をすればするほど通ってきます。

目と目の間の松果体（第6チャクラ・第三の眼ともいわれている）も意識して深呼吸。

頭のてっぺん（第7チャクラ）を意識して、宇宙からのパワー、太陽の光、シャンパンゴールドのキラキラしたエネルギーが降り注いできます。

そしてそれをしっかり受け取ります。

呼吸をすればするほど、自分の軸が整って太くなっていきます。

あなたのハートのエネルギーが拡大され、ジワっとあたたかくなってきますよ。

※チャクラについてはＰ66を参照

3 プロテクションの方法

呼吸で綺麗になったあなた自身の周りの「オーラ体」（※）をプロテクションしていきます。

深呼吸をして新しい地球と宇宙のパワーをあなたの身体を通して循環させます。
するとあなたの周りが、シャンパンゴールドの光の繭《まゆ》で包まれます。
あなたはこの光の繭の中でリラックス。
あなたはこの光の繭の中では、誰からも邪魔されない存在となっていきます。
いつでもここに戻ってきて、リラックスして、
唯一無二の光の存在として「今ここにある」感覚を味わってみてください。

※オーラ体：人体から発する霊的な放射体、またはそのエネルギー体のこと。
オーラは、肉体から順に第1層（エーテル体・図①）、第2層（アストラル体・図②）、第3層（メンタル体・図③）、第4層（コーザル体・図④）に分類されます。

五感が開かれてくるとオーラを感じやすくなっていきます。強弱はありますが、誰もが持っているといわれています。

オーラは、肉体と心を護るための防護壁の役割があります。すれ違うだけでも「あの人オーラがあるね」など話すことがあるかと思いますが、きっと無意識で感じているのでしょう。お互い

のオーラはふれあい、良いも悪いも影響があります。イヤな衝撃が加わるごとに壁が崩され、オーラに裂け目ができ皮膚まで到達すると、肉体のエネルギーが漏れ出して、心身ともに調子が崩れだすこともあるといわれていますので、常に意識をして浄化をし、プロテクションしていきましょう。

❶第1層（エーテル体）
❷第2層（アストラル体）
❸第3層（メンタル体）
❹第4層（コーザル体）

やってみていかがでしたか？
あなたの感じたことがすべてです。今の気づきを、ここに書き出してみましょう。
どんな気持ちですか？

すべての層が綺麗になるとオーラもキラキラに

セルフ・ワーク
POINT 1

プラーナを意識しよう

「プラーナ」とは、宇宙を動かす風のようなものとして考えられた生命のエネルギーで、私たちにとっては「呼吸」ととらえられます。

サンスクリット語で、「呼吸」「気」「エネルギー」の意味があります。このプラーナが通る「プラーナ管」は、体の上下方向、前後方向にも開放されていて、上からは天からのエネルギー、下からは地からのエネルギーが入ってきます。インドの伝統的な医学やヨガの中心となる考え方では、プラーナは「ナディ（ｎａｄｉ）」と呼び、「体内の道を通る」と考えられています。

体には、7つのチャクラを結ぶエネルギーの通り道がありますが、それこそが「プラーナ管」。このプラーナ管は、大きくすることができるそうで、エネルギーの通り道が大きくなると、エネルギーに満ちやすくなります。

深呼吸して、その通りを太くして、中のくもりをすーっと通りよくクリアにしていきます。プラーナを大きくするのをイメージしながら、木の根を伸ばし、幹を太くして、手を広げ、枝を伸ばしていきましょう。

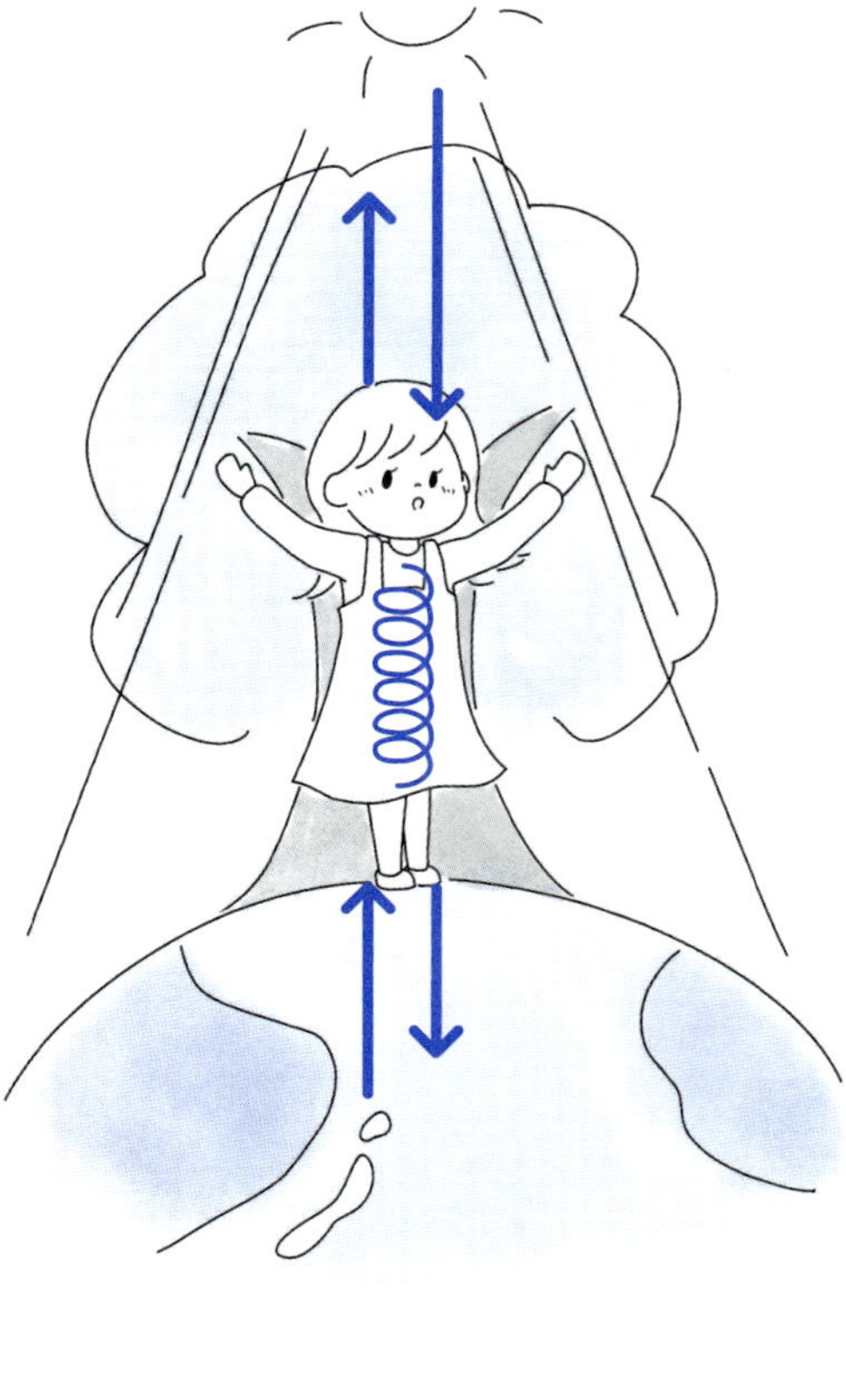

セルフ・ワーク
POINT 2

チャクラを意識しよう

チャクラは、人体に7つあります。「エネルギーが出入りしている場所」で、東洋医学でいうと「肉体と精神をつなぐ気の通り道のスポット」です。人間のエネルギーはこの「チャクラ」を起点にして、車輪のように絶えずグルグルと回って、活力を生み出しています。

人間の身体の脊髄の基底（第1チャクラ）から、頭頂（第7チャクラ）まで、背骨のラインに沿って直線に並んでいて、このチャクラが正しく回転してバランスがよければ、心も体も健康、健全でいられるといわれています。

チャクラにはそれぞれ色があり、虹の色と対応しています。よく「チャクラが開く」などといわれますが、これはチャクラに集まるエネルギーが活性化することを指します。チャクラを活性化させることによって、心や精神が安定し、眠っていた潜在的な能力を引きだすことが可能であるといわれています。

第❼チャクラ（頭頂部）
＜クラウンチャクラ＞
色：紫
超意識・宇宙エネルギーとつながる

第❻チャクラ（眉間）
＜サードアイチャクラ＞
色：藍色
直感力・叡智・第三の眼

第❺チャクラ（ノド）
＜スロートチャクラ＞
色：水色
コミュニケーション・表現力

第❹チャクラ（胸）
＜ハートチャクラ＞
色：緑・ピンク
無条件の愛・調和・感情・思いやり

第❸チャクラ（みぞおち）
＜ソーラープレクサスチャクラ＞
色：黄色
自信を高める・活力・決断力・
自己肯定感

第❷チャクラ（丹田）
＜セイクラルチャクラ＞
色：オレンジ
原始的本能・創造性

第❶チャクラ（会陰）
＜ルートチャクラ＞
色：赤
生命の根源・地に足をつける

7つのチャクラ

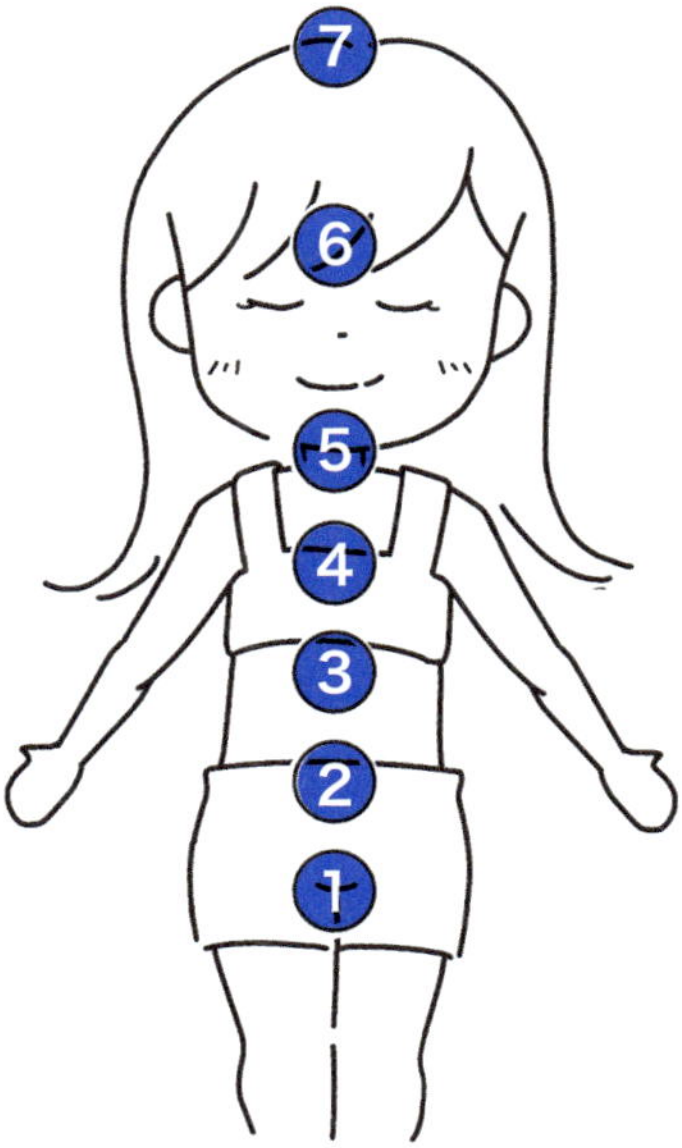

ヨガや瞑想、スティルネスワークはもちろん、日常では美しい景色を見たり、その色のお洋服を着たり、カラーを食事に取り入れたりすると、チャクラは簡単に整います。

第2章

内なる自分を愛《め》でる シンプルなコツ

毎朝毎晩、鏡の中の自分に語りかける習慣

あなたは自分のことが大好きですか？　自分は幸せだな、と思っていますか？

「自分は幸せだ」と言う人の中には、おそらく「自分のことが嫌いだ」と言う人はいないはずです。

裏を返せば、自分のことが好きな人は、幸せである確率が高いでしょう。

でも、私たちは日々生きていたら、自分のことがイヤになってしまう瞬間もあるでしょうし、容姿を含め、自分のことが好きになれないという人もいるのではないでしょうか。

かくいう私もそうです。

写真や動画に写った自分を見ては「はぁ……」と思ったり、「私ってダメだなぁ」「この

二重アゴなんとかならないかなぁ」「シワがシミが、ハリがツヤが……」なんて自分にダメ出しをしたりしてしまうクセが、どうしてもあるんです。1つ気にしだしたら、ダメなことばかり気にしてしまうもの。

あなたにも、心当たりがありますか？

自分を受け入れて好きになる方法は、いくつもありますし、私が学んできた心理学の領域でも、スピリチュアルな世界でも、たくさん紹介されています。学んできたという人も多いことでしょう。

自分を好きになるには、自分を別人に変容させる必要はありません。毎日の生活に、ちょっとしたシンプルなコツを取り入れるだけで、内なる自分を好きになって、幸せで豊かな自分として生きていけるようになれます。

その中の1つが、**毎朝毎晩、鏡に映る自分に語りかけてあげること。**

たとえば、今日は眉毛が上手《うま》く描けた、ヘアセットが理想通りにできた、なんて日ありますよね？

そんな自分に、

「かわいいね！」

「綺麗に髪型きまったね！」

「いい感じ！」

などと声をかけてあげるのです。それだけで、ちょっとモチベーションが上がったり、これで外出してＯＫ！と自信を持てるようになります。

もし眉毛が上手く描けなかったとしても、

「うん、そういう日もある！　明日またチャレンジしよう！」

と、明るく語りかけるだけでも、自分に対する向き合い方が変わるのではないでしょうか。

または、自分にちょっとしたご褒美を与えてあげるのはどうでしょう。

先日、沖縄本島に690円の美容室があるのを発見してビックリ！　いつもお願いしている美容室ではないので、ヘアスタイル全体ではなくて前髪を切るくらいなら冒険できるかなと思ったことがありました。

たった690円ですが、自分を変えるきっかけとなって、自分に向かって声をかけてあげられますよね。

「髪の毛切って、似合ってるね」

「思い切ってみてよかったね」

「切りすぎたと思ったけど、前髪が短いスタイルが私には合うね。トライしてわかったんだから、勇気出してみてよかったね」

大切なのは、かわいい自分にならないとダメなのではなくて、**自分に声をかけてあげる習慣を身につけること**。

声をかけてあげるということは、自分に興味・関心が向くということですよね。自分を

好きになるには、まずそこからはじまります。

そして、時にはちょっと高級なものやご褒美も与えてあげてくださいね。

さらに寝る前には、「今日も1日頑張ったね。お疲れ様」「こんなことがあってよかったね」と自分に声をかけてあげましょう。

私はお気に入りのシルクでできた石鹸《せっけん》があるのですが、丁寧に泡立てながら（お茶を立てるように）顔に泡を乗せてゆっくり優しく撫《な》でて、「お蚕様ありがとう」「綺麗になあれ！　白くなるなる」と肌に言い聞かせます。髪や体も、自分を愛でながらゆっくり洗うようにも心がけています。

日常の所作を丁寧にすることは、自分を愛でて、整える儀式だと思うのです。

カラダと心とはつながっていますから、たっぷり時間を取って丁寧に、自分の心と体と魂を労《いたわ》ってあげましょう。自分をもっと好きになり、愛でることができますよ。

あなたなりの方法で、毎朝毎晩、毎日、自分に声をかけてあげることを習慣にしてみてくださいね。

人生を変える魔法の言葉を唱える習慣

看護師として勤務しながら、ワンオペ状態で子育てをしていて大変だった頃、勤務先の人間関係が複雑で、少しウツ気味になってしまったことがあります。

息子が小学校低学年くらいでしたが、看護師の仕事もバリバリしたい、けれど職場は忙しくてストレスも多かったので、結果としてウツになってしまうくらい大変な日々を過ごしていました。

そんな時に、宇宙存在のバシャールと、ベストセラー作家である本田健さんの対談本『未来は、えらべる！』（文献2　ダリル・アンカ、本田健 著／ヴォイス）に出会います。
その本には「ワクワクで生きていいんだ！」と語るバシャールの言葉がつづられており、私はかなり衝撃を受けました。

というのも、それまでは「ワクワクだけで生きるなんて無理でしょ」というマインドでいたからです。１８０度反対のことを説くバシャールの言葉に、「そんなわけないでしょ」という斜めな想いと同時に、頭の片隅で「本当に自分の大好きなことをしてワクワクして生きていいの!?」と、嬉しくなったのを覚えています。

余談ですが、実は、２０２０年に感染症が流行っていた最中、あるセミナーでバシャールに直接質問することができたのです。そこで私は、こう質問しました。
「もしバシャールが病院を作るとしたら、どんな病院を作りますか？」
それに対して、バシャールはこう答えてくれました。

「患者さんの**周波数を上げる**手伝いをします。ヒーラー自身も**正しい波動**《バイブレーション》**に調整**し、同時に自分もヒーリングできるようにします。ドクターもナースもヒーリングできるけれど、患者さんがそれを信じることが大切。大事なのは、西洋医学も含め、各自がそれぞれの治療法を見つけることです」

ワクワクの波動を説くバシャールらしい回答ですよね。

もちろんバシャールのほかの本もすべて読みましたが、自己啓発系や精神世界の本もたくさん読んできました。

その中で、ハワイの叡智《えいち》「ホ・オポノポノ」の教えに出会います。

その教えが詰まった本には、ブルーソーラーボトルという太陽に当てた水を飲んで、たった4つの言葉を呟《つぶや》くという方法が書かれてありました。

早速私は、その4つの言葉**「ありがとう」「ごめんなさい」「許してください」「愛しています」**を、ブツブツ呟きながら出勤するようにしました。

結局その職場は、環境が悪化して辞めることになりましたが、当時の私には辞める勇気すらなかったんです。家庭では夫から、「もっと仕事は抑えていいよ」と言われていました。けれど、私はキャリアを維持したくて、もっと働きたかった。その背景は、職場が最悪だったとしても、職に就いていることで安心を求めていたからでしょう。結果、1年ほど、夜も眠れないほど悩んでいました。

毎回、職場に向かう坂道を登る最中、嗚咽《おえつ》しながら4つの言葉を唱えていました。

「ありがとう」「ごめんなさい」「許してください」「愛しています」

この言葉が自分の耳に入ってくることで、不思議と日常でもこの4つの言葉を使うようになっていったんです。たとえば、息子に「愛してるよ」と伝えたり、職場で関係性のよくなかった人にも「ありがとう」と心を込めて言ったり……。

ただ言うだけでしたが、その言葉を耳で聞くことで脳に刺激を与え、安心感が芽生えます。だからこそ、言葉には言霊《ことだま》がちゃんとあるんだと理解するようになりました。

その後、精神世界の学びを深めていったのですが、師匠となるフランス在住の日本人男性に出会います。彼は世界中にクライアントをもつ、マントラなどでヒーリング治療をするヒーラーでもありシャーマンでした。

日本にも神道の祝詞《のりと》や、仏教では真言《しんごん》など、言葉を唱える慣《なら》わしがあります。私も師匠から一式、そういった言葉を唱える方法を習い、実際にヒーリングに使わせていただいています。遠隔ヒーリングでは、言葉を唱えたことでクライアントさんの状態が変化していく様を体験することができています。

師匠はアフリカで祝詞を唱え、フランスの森では護摩焚《ごまた》きをしています。師匠いわく、唱える言葉の中には強すぎて危険なマントラもあるとのことです。そのくらい、言葉を唱えることには、効果や実証があるということでしょう。

私自身、師匠から授かったマントラを唱えてヒーリングに活用するようになってから、日常でもポジティブな言葉を使うように意識が変わったと自負しています。

それまでは「ダメだな」「できない」「もう無理！」なんて、後ろ向きな言葉を連発していましたし、それすら言えずに溜《た》め込んでしまうタイプでした。

というより、言える環境がなかったのです。当時のママ友は専業主婦が多かったので、ママ友で働いている人がおらず、私だけ専門職と家庭を両立していましたし、夫は残業続きで帰りが遅かったので、仕事の愚痴を言える環境がありませんでした。だから、溜め込んでしまったのでしょうね。


マントラを学び使ううちに、自分の中にあるネガティブ思念が溜まっていることに気づきました。もちろん何回も唱えるので、ぐるぐる思考がストップして、気がつくと言霊でスッキリしているときもあります（不動明王真言や光明真言、祝詞の一部「払え給《たま》え清め給え」と言うだけでもよいです）。

どんなにポジティブ・シンキングで、ワクワクするような言葉ばかり並べても、その時はうまくいっても、同じことを繰り返してまた痛い目にあうようなこともよくありました。それは今でもあります。

私たちは、自分の内にあるネガティブを受け入れないまま、無理やりポジティブ・シンキングに走ると、本当にツライことや悲しいことから逃げてしまいます。つまり、現実逃避のために、自己啓発やスピリチュアルな教えをツールとして使うようになってしまうのです。それでは、いつまでたっても根本が癒やされません。

例えていうなら、虫歯の根元を治療しないまま、銀歯を詰めてかぶせてしまっているようなもの。その時はよくても、今度は横から虫歯になったり、痛みは消えなかったりしますよね。

それと同じで、心にある悲しい、ツライ、怒りなどネガティブなものを、安心安全な人にきちんと吐き出して、まずはしっかりクリアな状態にすることが大切。それには、吐き出せる場所や方法を見つけることもポイントですね。

もし、先ほどの4つの言葉や、ポジティブなアファメーション、マントラを唱えることを習慣にしているなら、またはこれから習慣化しようと思っているなら、ぜひ**心のネガティブが溜まっていないか、自分に静かに聞いてみてください**。「無理してなぁい?」と。

私は大丈夫!と思っている方でも、何か現実に違和感があったり、何か溜まっているなと少しでも感じたりしたら、それを**浄化しクリアにしてから、マントラを唱えるようにしましょう**。

心のネガティブをクリアにするには、本書のワークをすべて試してみることがおすすめ! 1つずつワークをクリアして、習慣にしていくと、気づいたら心のネガティブも、きっと綺麗さっぱり消えていきますよ! 特典の音声も聞きながら試してみてくださいね。

宇宙はすべてを見聞きしている

第1章でお話ししましたが、琉球開闢《かいびゃく》の祖神アマミキヨが降り立ったとされる久高島のカベール岬が大好きな私は、週に1度のペースで定期的に訪れています。

ふわりゆったりと舞う「オオゴマダラ」（天然記念物）という沖縄の蝶々に導かれるように、初めて島に宿泊してカベール岬を訪れたのは、久高島に移住するなんて考えてもいなかった2020年7月でした。当時は、新型コロナウイルスが流行り、緊急事態宣言が解除された直後。この時が初の、久高島泊の日でした。

あの時期のことはみなさんも覚えていると思いますが、閉鎖的なエネルギーを感じ、多くの人が先の見えない不安を覚えたのではないでしょうか。医療分野に身を置く私も、そ

のひとりでした。

その頃は、介護医療の現場の方々へのコーチングをメインにしていました。現場がより良くなり、働く環境もモチベーションも上がったら、医療従事者も介護施設のスタッフも、みんなが自分らしく楽しく働けるだろうし、患者さんや介護を受ける立場の方も明るく自立できるのでは、との想いから提供していたのですが、オフラインでのリアルセミナーがすべて白紙になってしまったのです。

私自身、収入の柱がセミナーでしたし、医療従事者のみなさんをフォローしたい気持ちから仕事をしていたので、「どうしよう」と悲嘆していました。

その想いのまま、カベール岬でアマミキヨ様に話しかけてみました。

「今後、私はどうしたらいいですか？　日本中、世界中が大変な状況の中、特に医療現場の方たちにできることはありますか？」と。

すると、私の言葉ではない、こんなメッセージが降りてきたのです。

「あなたは、日本や世界のみなさんを幸せにするために、枠を超えて久高島の人々も大切にしながら、協力して何かを遂げていく人なのよ」

驚きとともに、はっきりと聞こえてきたその声に、私は涙が止まりませんでした。いや、号泣でした（笑）。

それまでは自分自身への癒やしのためのリトリートとして何度も久高島に通っていましたが、これを必要な人に提供できるのではないかなと、漠然と思っていたところだったので、未来に光が差したように感じたのです。

そのメッセージを胸に集落まで戻り、お世話になった島の方にアマミキヨ様とのことをお伝えすると、その方が私の手を取ってこう言いました。

「ちょうどさっき、私のところにもメッセージが降りてきたのよ。〝ひとりじゃなく、誰かと一緒に協力してやっていくといい〟って」

この時、私は確信しました。

「宇宙は、私たちの状況や想いをいつも見聞きして把握していて、幸せになるために、必要な時に伝えようとしてくれているんだ」と。

宇宙は、アマミキヨ様という、私が大好きな島の神様を通してメッセージを伝えてくれたのです。

その島の方には、「私に何かご一緒できることがあれば、島のためにもできることがあればやっていきます」と、決意をお伝えしました。

それから本当に、久高島でリトリートを開催したりお客様をお迎えする際は、その方にいつも宿泊先を提供していただいたりと、お世話になっています。

宇宙は私たちのことを常に見ていて、ちゃんとわかってくれています。だから、必要があれば、または私たちが求めれば、答えてくれるのです。

答えを伝える方法はさまざまあるでしょう。私のときのように、神様と呼ばれる存在や、琉球でいうノロやユタなど、御神託を授かる人間を通して伝えてくれることもあります。93歳のおばあも、「若い頃は何かあるとノロさんのところに相談に行って、涙があふれたことがあったよ」と教えてくれました。

さらには、虹や台風のような自然現象やシンクロといったサインで、宇宙は答えを伝えているかもしれませんね。

または、内なる自分が答えを持っていることに気づかせてくれることもあるでしょう。自分の内側からメッセージが聞こえてきたり、すでにその答えを〝知っている〟感覚が湧いてくるという人もいると思います。

もしあなたが、宇宙とつながりたい、または宇宙から直接メッセージが欲しいと思うのであれば、コツがあります。

それは、**具体的に聞くこと**。

「こういうことをやりたいのだけど、どうしたらいいですか」

「こういうことで困っているのだけど、解決するにはどうしたらいいでしょうか」

そんなふうに、自分の状況をどうしていきたいのか、具体的に挙げて答えを求めてみてください。

これが、宇宙とつながって宇宙の声を聞く、つまりチャネリングするときのシンプルなコツだと、私は思っています。

よく、「見えないから、聞こえないから、私はできてない」という方がいるのですが、人によって、感覚は得意な分野があり、視覚優位、聴覚優位、体感覚優位など、感じるポイントが違います。なので、〝見える・聞こえる〟だけではなく、ただ「なんとなく……感じた」というその感覚を信じてみるようにしてくださいね。

チャネリングは、実はとても簡単なのです。

感謝の循環が幸せを呼ぶ

久高島での1日は、朝、仏壇に手を合わせることから始まります。
「ここに住まわせていただいて、ありがとうございます」

以前から、感謝をすることを意識してきましたが、久高島に来てからは、より感謝に対する想いが深まったように感じます。

もちろん、親切にしていただいたら感謝をしますが、何かをしてもらわなくても、たとえば近くに住んでいる人へ感謝したり、出会ってくれた人へ感謝したりなど、自分がここにいさせてもらうことに対して、感謝するようになりました。そして眠る前にその人の顔を思い浮かべると、ほっこりした気持ちで眠れます。

感謝のエネルギーを自分から発信することで、感謝しかない！というような状況を、より体験するようになったことも面白いなと思います。

この島に来て、こんなことがありました。

久高島には、沖縄本島からフェリーを使わないと渡ることはできません。これは、人間はもとより、車だって物だって同じです。そのため、私はダンボール5個で引っ越しをしてきました。

だから、もし家具をオーダーしたら、〝どうやって家まで運ぶか〟問題が生じます。

私が今よりも久高島に慣れていない時に、気に入ったブルーのソファを購入しました。そして、久高島の家まで運ぶルートを確認。再度、家具屋さんに電話して、「配送業者にも確認しました。島まで届きます」との回答だったので、楽しみにして待っていました。

しかし、当日。配送業者から電話があり、「お届け物をフェリーに乗せることまではできるけれど、自分たちがフェリーに乗って島の中に入ることはできない」と言うのです！

「えー！　でも電話して確認したら、運んでくれると言われたんですけど……」と、焦りながら答えると、「島の中に入る配送業者は限られています。荷物だけ積むので、あとは港からはお客様自身で運んでください」とのこと。

つまり、ソファだけがフェリーに積まれ、久高島の徳仁港に着いたら、そこから先の自宅までは自分でなんとかしないといけないということです。

真っ青になった私は、慌てて高速船の船長さんに、とにかく迷惑をかけてしまう状況を説明して謝ろうと思い、電話しました。

すると、「いいよ、いいよ！　家まで運んでいくさ〜」と、迷惑だなんて1ミリも感じさせないほど、軽やかに対応してくれたのです。そして本当に、港から船長さん自身の軽トラに積んで、我が家まで青いソファを届けてくれました。

半泣き状態で感謝したのは、言うまでもありません。

ほかにも、久高島から本島の安座間港へフェリーで渡っていた時のこと。その日は那覇までバスで行こうとしていたのですが、港に着いたら1時間くらい待たないとバスがない時間帯でした。

フェリーの中で会った島の人と話をしていたら、「那覇行きの乗り継ぎのいいバス停まで乗せてくよ」と、車に乗せてくれることになったのです。

島の人々は、「困ったときはお互い様」と言って、感謝されることをしても見返りを求めるような気持ちは微塵《みじん》もありません。当たり前のように、手を差し伸べてくれるし、助けてくれる。その温かさと優しさに、何度も救われてきました。

感謝してもしきれないほどです。

私も島のみなさんに倣って、私にできることは何かないかなという視点で暮らしています。

たとえば、私にできることとして、昼食を多めに作ったら「初めてゴーヤチャンプルを作ったのですが、味見してもらえませんか？」とご近所の方におすそ分けしたり、島の人たちが喜ぶのでは、と幸せな〝お節介妄想〟をして、**感謝を行動として返しています。**

先日、93歳のおばあに日頃の感謝を形にしようと、おばあの作った島人参をいただいたので、キャロットケーキを作っておすそ分けしたんです。すると、おばあは「90年以上生きてきて、生まれて初めて食べたわ～」と、すごく嬉しそうでした。おばあにとっては、長年生きてきて、体験したことのないことを体験できることが、喜びなのだそうです。

おばあの嬉しそうな顔を見ていたら、自分に返ってくるからという損得からの行動ではなく、純粋にその人の喜ぶことを思ってそれをして差し上げると、神様は見ているんだなと実感したものです。

おばあはおしゃれさんで、**喜び上手で褒め上手。**いつも私のワンピースを褒めてくれます。なので、内地に行くと、おばあに服のプレゼントをつい買ってしまいます。

久高島にいると、当たり前のように**「ありがとう」のエネルギーが循環**しています。その結果、自分も幸せになるし、周りも幸せになる。そして、ますますエネルギーが大きく循環していきます。

もちろん、久高島にいなくても、いつでもどこでも、「ありがとう」のエネルギーを循環させることはできますよね。

コツは、結果を求めるのではなく、**自分から感謝すること。エネルギーの循環を起こすこと。「ありがとう」という気持ちを行動に移すこと！**

だからこそ、自分という存在は、「今ここ」にいるだけで幸せなんです。いるだけで、エネルギーが巡っていくわけですから。

スピリチュアルな学びをしていたり、神様が好きな人の中には、願いを叶えるためには祈れば大丈夫、ただ拝めばいい、願いを伝えるだけでいいと解釈して、行動が伴っていない場合があります。

けれど、神様も宇宙も、ちゃんと私たちのことを見聞きしているし、神様同士、打ち合わせをしていると、私は思っています。つまり、感謝している人のところには幸せが巡るようにはかってくださるのです。

宇宙は、感謝が大好きですから。これが「ありがとう」の法則だと思うのです。

島の神様はいつも見守ってくれていますが、言い方を変えると、「ゆうかはちゃんとしているか？」と、見張っているような気もします。なので島に引っ越しをする時には、残してきた家族に「ママは久高島に嫁《とつ》ぐような覚悟で参ります（笑）」と伝えたものです。

〝拝み文化〟の濃い琉球の人々のように「うーとーとー」（沖縄の言葉で「祈り拝むこと」）をすることも素敵なことです。

手を合わせると、自分の体の「気」が統合されます。そして、心が整います。

このように**手を合わせて拝む時、人の心は静けさに包まれています**。静かに祈り、感謝をする。そして、感謝に対して、何か自分にできることを行動する。

行動の大きさは関係ありません。指1本で、誰かに感謝のメッセージを送ることだって、立派な行動ですよね。心が静けさに包まれた中に、ちょっと光が見えてくる。ワクワクする要素が芽生えてくる。目の前の小さなことをコツコツと、自分がやれることをすればいいのです。

そうすると、自然と感謝のエネルギーが高まって、自分から循環を起こせるようになるはずですよ。

ネガティブを認めることが幸せになるコツ

先ほど、ネガティブな悲しみや怒りなどがあるまま、ワクワクしようとするのは、虫歯があるのに銀歯をかぶせるのと同じこととお伝えしました。

ポジティブな思考でいることは、私たちが幸せな人生を送るうえで大切なことですが、ここでさらに大切なポイントが、ネガティブな状態の自分を認めることです。

落ち込んでいる自分、本当は悲しいな、ツライなと感じている自分が隠れていませんか？　自分自身をないがしろにすると、よりネガティブ度が悪化してしまいます。

特に日本人は、我慢することが美徳という風習があるのか、ネガティブに蓋《ふた》をして、〝いい子ちゃん〟でいるように自分を押さえつけて我慢していることが多いかもしれませんね。

そんなときは、「落ち込んでいるんだね」「イヤだと思っているんだね」と、**自分に言ってあげましょう。**

または、たったひとりでいいので、**あなたが「イヤだ」と思っていることを話せる人を見つけてみてください。**友人や家族などの身近すぎる相手では難しいなら、ヒーラーやコーチ、カウンセラーなど、話を聞くことをお仕事にしているプロを見つけることもできますよね。

反対に、ヒーラーやカウンセラーのお仕事をしているわけではないのに、なぜか周りの友達や家族から、ネガティブな話を聞かされることが多いと感じている人もいるかもしれません。寄り添えるときもあるでしょうが、自分が上昇志向で波に乗っているときや、新しいことにチャレンジしようとしているときに、ネガティブな話をする人と一緒にいることは、ときにツライものですよね。

私も、次のステップに進もうと勢いよく前進しているときは、人のネガティブな想いに引っ張られてしまうと、自分が前に進めない感覚になるので、距離をとるようにしていた時期がありました。今も、人間関係の中でご自身の傷ついたトラウマやインナーチャイルドを私に投影されることもあるので、適切な距離を保つように意識しています。

自分のネガティブを受け入れられないのは、自分の感情をジャムの瓶にぎゅうぎゅうに詰めて、蓋をしている状態と同じです。瓶があることは認識していても、そのままにしているので、自分の中から消えることはないし、瓶の中に詰まったネガティブな想いを繰り返すような状況を招いてしまいます。

結果として、人間関係のトラブルや病気になったりする人もいます。**同じことが繰り返されるなら、手放したほうがよい合図**なのです。

自分の中に重たい瓶があることを認めて、蓋を開けようと決意すると、状況は変わります。横になって楽に受けられるスティルネス・ヒーリングやセッションなどで、クライアントさんの蓋をやんわり開けるお手伝いをしていますが、セッションの前後では世界が変わったとおっしゃいます。

誰もが幸せになるために生まれている「スピリチュアル・ケア」

私は東北生まれなこともあり、東日本大震災の後、被災地に毎年通い、セミナーを行ってきました。心のケアを重点的にしてきましたが、震災から5年以上経っても、「悲しい」「怖い」という想いを口に出せないという方が多くいました。

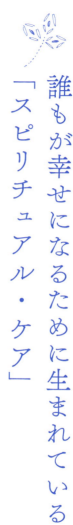

なぜ言葉に出せないのかというと、口に出すことでまた怖くなるから。それに、自分だけじゃなくて周りもみんな怖い想いをして我慢している。だから、自分も我慢して蓋をすることを選んでいました。

そのような経験もあり、私はヒーリングやスピリチュアルという、目には見えない領域こそ、医学的な側面とは別の、本来の魂の声を聞いて、各々の生きる力を引き出すためにある分野だと思ったのです。

「スピリチュアル・ケア」という医療用語があります。これは、「魂のケア」や「霊的ケア」とも呼ばれ、宗教的・実存的な側面を重視したケアを指します。そして、**人は誰もが幸せになるために生まれてくる**という概念で成り立っています。

そのケアでは、生きる意味を失ったときに、その人らしく生きられるように援助することを目的としています。さらに、自分自身の魂の声、つまりその人の本質の人生を生きるように導きます。簡単に言ってしまうと、**「生きがい」**とも言い換えられるでしょう。生きがいがあるのとないのとでは、人は生き方や生きる力がまったく異なります。

自分の「使命」となると、ハードルが高いと感じる人もいます。でも、自分の生きがい、好きなこと、趣味のために生きようとすれば、ワクワクできるのではないでしょうか。孫の成長を見守ること、犬や猫と一緒に暮らすことなど、自分にとっての生きがいがあると、モチベーションが上がり、幸せだなと感じる瞬間が増えると思うのです。

そう思って、私も介護の現場では、高齢者の方たちに幸せを感じる瞬間をたくさん作って差し上げたいなという気持ちで接しています。もちろんこの本を読んでいるあなたへも。

長寿の地である琉球は、80、90代のおじいやおばあが元気に暮らしています。私は訪問介護の経験を活かして、「おじいは何が生きがいなのかな」「おばあは何をしている時が幸せなんだろう」とアンテナを張って、関わらせていただいています。

これは、看護師にとっては当たり前の視点かもしれません。入院したことでできなくなってしまったことがあるのだろうか、退院したらどんな幸せな世界がこの患者さんには待っているのかなと、意識して関わることが看護師には欠かせません。

看護師や介護士は、目の前の人が幸せに生きていくためのライフスタイルを描く、サポート役でもあるからです。

そしてこれは、ヒーラーにもコーチにも通じることです。

たとえ、霊能力が優れていたとしても、神と通じることに長《た》けていたとしても、重要なことは、**目の前のクライアントがどう命を全《まっと》うするのか**。ヒーラーもコーチもカウンセラーも、クライアントが幸せに生きるためのサポート役なのです。

そのため、**どれだけエゴ（我）を手放し、ピュアでいられるか**が大切になってきます。

医療従事者やヒーラー寄りの視点のお話になりましたが、目に見えない領域からのケアをすることで、その人本来の魂を輝かせることができ、そして幸せに生きることができるように、お手伝いができると思っています。

恐れを愛に変える方法

ここまでで、自分を好きになるコツなどをお伝えしてきましたが、言うのは簡単（笑）。

自分を変えようと思っても、そうは簡単に変わるものではありませんよね。

特に、自分の中に根深くある感情は、意識を変えるワークを繰り返したとて、なかなか変えるのは難しいかもしれません。

セッションを受けられる方も、何回目かのセッションで、やっとご自分と向き合うスタンスになられることもあります。人は防衛本能がありますから、安全地帯（セーフティーゾーン）にいたいと思う生命です。だから、そこから飛び出て、自分を変えるというのは難しさが伴います。

かく言う私もそうです。自分をもっと好きになれるように、意識を変えたいと思っても、根本から変えるのは簡単ではありませんでした。

それが、久高島に来て、変えることができたのです。

その理由は、自然と共生する環境に身を置くことで、価値観が崩れたから。

東北育ち・都会暮らしが長かった私が、まさか自分の人生で、ヤモリと一緒に住む日が来るなんて、思いもしませんでした（笑）。

そもそも、住む場所を変えるというのは、安全地帯から一歩外へ出る行為なので、自分の価値観に少し穴があきます。引っ越しが難しい場合は、行ったことがない場所に行ってみるだけでも、自分のセーフティーゾーンの外に出ることになりますよね。それだけで、少し自分は変わります。

まして、私が移住した先は、遠い南の孤島。コウモリもヤモリも当たり前のように生きている島です。

私にとっては、コウモリはもちろんのこと、クモもヤモリも恐怖です。天井の隙間からヤモリが何匹も入ってくるし、リビングのライトをつけたら、小さい虫がブワーと大群で押し寄せてくる……。蚊やアリも、私を刺してきます。

引っ越しの夜から、怖くてたまらなかった私は、引っ越しに使った梱包材を集めてはガムテープを剥がして、そのテープを隙間に貼ったりして、なんとか布団まできませんように！と祈っていました。

結局、移住初日の夜は、ヤモリがどんどんキッチンにやってきて、布団まできちゃったらどうしよう……という恐怖にさいなまれて、一睡もできませんでした。

そこで島の英雄であるおじいに、「どうしよう。ヤモリを捕まえて殺したいわけじゃないのだけど、怖くて仕方がない」と相談すると、おじいは軽くこう返してくれたんです。

「抱きしめて寝ればいいさぁ」

ゆったりとした口調で優しい笑顔のおじいのその言葉に、私は一気に緊張がほぐれるのを感じました。

その言葉を、**「すべて受け入れなさい」**というように解釈して、すっと受け取れたのです。

正直、今も家の中でヤモリをみると、ヒィ！と一瞬飛び上がります。けれど、以前のような恐怖感ではなく、この島で暮らす同じ命であり守り神（家守＝ヤモリ※）、そして同居人であり、心に余裕があるときは「かわいい」と思えるようになりました。

久高島は、決して便利な島ではありません。「どうしてそんな不便なところへ引っ越すの？　かわいそうに」と言われたこともあります。私がお借りしている家も、トイレは外の小屋にあって旧式でした。築年数が経っていることは理解していましたが、どうしてもトイレだけは譲れなかったので、持ち主さんに交渉すると、自分で設置するなら変えてもOKと許可をいただきました。そこで、水洗トイレを設置したのですが、結論からお話しすると、台風などの都合で工事が完了するまで、半年以上かかってしまいました。

この経験から、時間がかかったとしても、予定通りにいかなかったとしても、それは自分の都合上で考えているからなんだ、と思い知らされました。

人生を長く生きてきて、初めて気づかされる経験がこんなにできるなんて、なんて幸せなんだろうと思います。それだけ、古い価値観を壊して、自分を変えていくことができる

わけですから。

ここで起きることは、すべて受け入れる。おじいがふんわりと教えてくれたように、自分にとっての恐怖も、ネガティブに思えることも、**自分の価値観を壊して受け入れる。**そうすると、ポジティブに変換されて、ひいては愛に変えていくことができるのだと思っています。困ったときはシンプルに、**怖れが出たら愛を選ぶだけ**でよいのです。

※ヤモリが家に現れることは、多くの文化で幸運の兆《きざ》しとされている。彼らは自然の害虫駆除剤としてだけでなく、幸運や守護の象徴として、私たちの生活に密接に関わっている。もし家の中でヤモリを見かけたら、その小さな幸運に感謝して、自然との共生を楽しむこともできる。

【column】

命の尊さを知っている、島の英雄・98歳のおじい

「ゆうか、あとで三線《さんしん》持っていくさぁ」

私の家にお客さんが来ていると、おじいは三線片手に、日に焼けたニコニコの笑顔で訪ねてきてくれます。そして、おじい作詞・作曲の民謡歌を、三線を奏でながら歌って、久高での夜を彩ってくれるのです。

『久高通い船』

作詞 内間新三／昭和40（1965）年10月

馬天港を船出して　知名の岬を後にして
見える島影 久高島　着いた所は　着いた所は　徳仁港

出船入船 徳仁港　今日も出て行く定期船
馬天通いの船が出る　共に乗りませう　共に乗りませう　通い船

さざ波寄せるメーギ浜　夜の浜辺は波しずか
千鳥も唄うよ月の夜　共に語ろう　共に語ろう　浜千鳥

島の東は太平洋　黄金花咲くイシキ浜　五穀の始まり神の島
ニライカナイの　ニライカナイの　幸を呼ぶ

島の岬の灯台は　夜の船には頼り神　二人連れにはうす情け
照らして呉れるな　照らして呉れるな　照らして呉れるな　恋の夜

眺め豊の中城湾　夜の景色の華やかさ
明日は出船かあの船は　祝ってあげませう　祝ってあげませう　あの船を

みんなから慕われているおじいは、生粋の久高人。10代の若き青年時代に、大型台風も経験し、さらに戦争へと駆り出され、3度も命を落としそうな危険に遭遇したと言います。

敵の攻撃を1箇所に集中させるために、あえて盾となるような作戦が決行され、十数名の戦隊の何名かを目の前で亡くす経験をしてきました。

それに、陸を歩いたり船で移動したりしたら敵に見つかってしまう。だから、土を掘り穴を作りそこにもぐり身を潜《ひそ》め、沖縄本島の浦添市牧港から、泳いで波上宮近辺までたどり着き、川や陸を歩いて渡り、小渡浜（現在の大渡海岸）から新原近くのリーフで休み、仲間が銃弾に撃たれながらも、小舟を見つけて修理をし、久高島まで帰ってきたというのです。

まさに命がけで帰還し、生きる道にとどまったおじいは、終戦後は久高島のために働いてきました。

今、私たちは本島から久高島まで、1日に6便の高速船かフェリーで楽に移動することができますが、おじいがいなかったら、これも不可能だったかもしれません。というのも、戦争で造船の知識と技術を習得していたおじいは、島のために船をつくり、さらには港も新設して、本島と久高島をつなぐ線をつくった本人なのです。

今現在も、おじいの息子さんたちが、船や港を管理して、久高島にやって来る人たちをお出迎えしてくれています。人が大好きなおじいは、つい最近まで、週末は港で船のチケット売りをしていたんですよ。

さらに、沖縄県知念村議員にもなり、久高島のインフラが整うように積極的に働きかけてくださったといいます。

その1つが、水道。水道が引かれていなかった久高島では、雨水を貯水して利用していました。そこでおじいは、本島の主要な人たちに働きかけて、海底にパイプをつなぎ、島まで水道水を引くルートを確保したのです。そして、道もアスファルトではなくコンクリートにして、作業を業者に一任するのではなく、島の人たちが働き手となれるようにも手配したといいます。

だから、久高島の人々が当たり前のように蛇口をひねれば水が出るのも、私たちが安心して料理できるのも、シャワーを浴びられるのも、水洗トイレが使えるのも、全部おじいが水道を島に引いてくれたおかげなのです。

そんな島の英雄は、孫20人、19人のひ孫たちにも恵まれ、ご家族はもちろん、島の人たちみんなから愛されています。その証拠に、年間100人以上の方がおじいに会いにやって来ます。

私も引っ越してから、おじいにはお世話になりっぱなし！　深い懐とおおらかな笑顔が大好きです。

沖縄では数え年で97歳になると、「カジマヤー」と呼ばれる祭事があります。カジマヤーとは、「風車に乗って遊ぶように暮らしましょうね」という意味。その日は盛大にパレードしてお祝いする風習があります。

旧暦の9月に、おじいもカジマヤーでは、ご家族のみなさんやたくさんの島の人、そして県外から来られたたくさんのお客さんに見守られながら、島をパレードしていました。

とても98歳には見えないほど、足腰も強く、筋力も立派なおじいは、今日も自転車で島を移動しています。

そんな長寿のおじいに、「長生きの秘訣は？」と聞くと、チャーミングな笑顔と一緒にこんな答えが返ってきました。

「病気しないこと。そして、恋することさね」

セルフ・スティルネスワーク２

自分を愛でる

内なる自分を好きになるために、簡単なワークをご紹介します。

自分を愛でるワーク

あなたは今、自分自身をどれくらい好きですか？
好きな部分を書き出してみましょう。思いつく限り、何個でもＯＫです！

目を閉じて深呼吸します。
あなたの好きなところはなんですか？
書き出すと、新たな気づきが出てきますよ！

自分を愛でるワーク

自分の内面で好きな所は？	自分の外見で好きな所は？

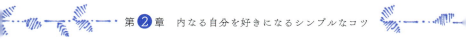

鏡を見ながら声をかけていくワーク

次に、鏡を見て自分に声をかけてみましょう。

朝起きてすぐ、顔を洗った時に、メイクをする時に、お風呂で丁寧に顔を洗ってから、眠る前に……。

鏡を見る時に、いらないものを吐き出して深呼吸します。

そして、自分に声をかけてあげましょう。自分をたくさん愛でましょう。自分の顔に自信がなくても、自撮りを１００回くらいすると１枚はお気に入りの自分が現れますよ。

〝鏡《かがみ》〟から〝我《が》〟をとると、〝神《かみ》〟に近づけるかもしれませんね。

第3章

静観して幸せになることを許可しよう

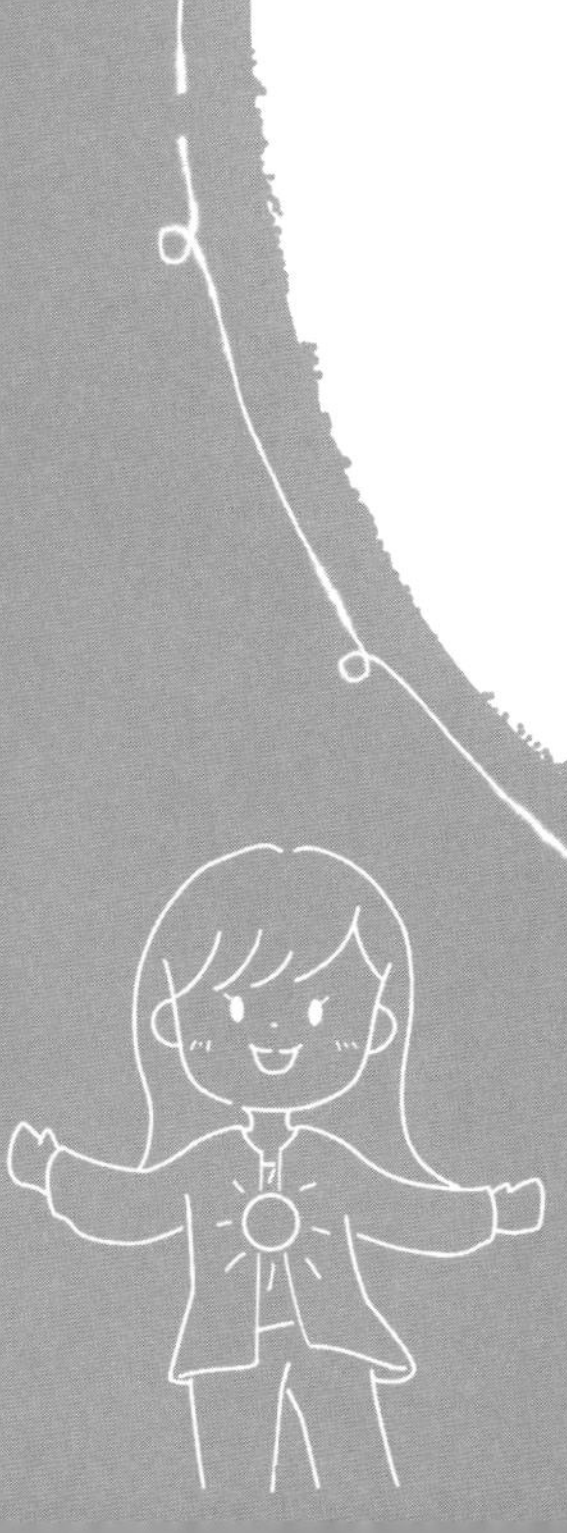

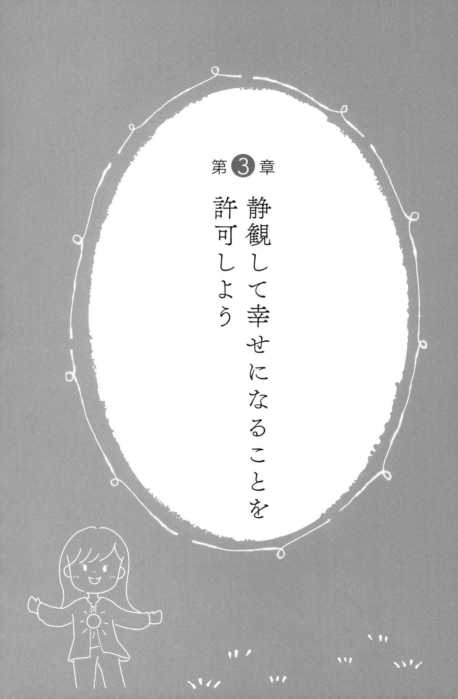

「そっかぁ」を口癖にすると許しが起こる

あなたには今、悩みがありますか？
人のほとんどの悩みは、人間関係かお金であるとは、よく聞く話ですよね。

この章では、私が久高島に渡る前の医療介護の現場や、自分自身の身に起きた話から、自分と向き合って静観する大切さをお伝えできたらと思います。

私は、医療介護の現場でセミナーやヒーリングをするにあたり、「アドラー心理学」に基づくコーチングを主体にしてきました。
アドラー心理学については、ご存じの方も多いと思いますし、たくさんの書籍が世に出ていますので、本書での説明は省きますが、幸せに生きるコツや、自他を尊重すること、そして自分の中に答えがあることなどを、人の心理の側面から説いています。

「人生は死ぬ3日前からでも変えられる」

アドラーの説くこの言葉が、アドラー心理学を学ぶきっかけになりました。

医療従事者の方もまた、人間関係で悩んでいることが多いです。少しでもサポートできたらとの思いからコーチングをしてきたのですが、コーチングは教えることではなく、クライアントさんの本当の思い（潜在意識）を引き出し導くことなので、本人の深い信念体系を自分自身で見つめるとなると、時として苦しさを味わうことがあります。玉ねぎの皮を剥《む》くように優しく時間をかけてするセッションもありますが、より効果的で目の前の人に合う方法はないか？と、ずっと探求してきました。

1人ひとり考え方や価値観が違うため、同じ1つの方法だけで解決まで導くことは難しいですし、キリがありません。すべてが同じ人なんて、この世に1人としていませんから。

ただ、具体的な解決策を探すだけではなく、**自分自身を静観する**ことは、誰にでもできますよね。それには、**内なる気づき**がとても重要です。

実はそれが、悩みを解決に導く、誰にも効果のある最強の方法なのではないかなと思っています。

この後でお話ししますが、私もこれまでの人生で、ツライことやショッキングな出来事が起きましたし、大変な病気も経験しました。当時は、自分の身に起きることを全部受け入れるには、とても時間がかかりました。

セッションを受ける方から、

「そんなことが自分に起きるわけがない」

「私に限ってそんなことはない」

という言葉を、何度となく聞いてきましたが、まさに私自身もそう思っていました。現実を受け入れられなかったのです。

受け入れるには時間もかかる。けれど、**受け止める**だけであればどうでしょう。

「そっかぁ」「そうなのか」「そうなんだね」

ありのままを受け止める。そしてジャッジをしない。自分に対して、または相談をしてきた相手に対して、現実をただただ受け止める。

そこに、無理に感情をくっつけてしまうと、複雑化してしまいますから、ただただ「そっかぁ」を口癖にして言ってみるのです。そして「〇〇って思っているんだね」「〇〇って感じているんだね」と自分に言ってあげましょう。

受け入れる行為は、例えると胃袋に入れたくないような苦い食べ物をごっくんと飲み込むイメージ。対して、受け止める行為は、口に入れてみたり、味見してみる程度。

これだけでいいんです。これができると、現実は100%自分が悪いわけではないと、許しが起こるようになります。

人間関係において、相手を変えることはできません。もし相手を変えようとしているなら、自分のためにもコントロールを手放しましょう。

本書を読まれている方の中には、スピリチュアルな世界やマインドのことを学んでいる方もいることでしょう。

私の周りの方たちをみていても、特にスピリチュアルな世界にハマっている人は、すべての出来事、ネガティブに思える出来事すら、目の前に起きることは自分の鏡だというとらえ方をしがちです。もちろん、それが現実創造の仕組みなのですが（これについては第6章でお伝えします）、そうとらえて自分にダメ出しをしたり、卑下してしまうループに陥ってしまう人が多いように思うのです。

現実として起きた出来事は、あなたではなく相手の課題であったり、自分の過去のトラウマによるものかもしれません。

ですから、すべてをダメな自分の責任なんだと〝受け入れる〟のではなく、「そっかぁ」

と〝受け止める〟だけでよいのです。

そして、もしそこで感情のアクシデントが起こるようであれば、深みにハマってしまいますから、そうなる前に、外側にいる冷静な自分の視点で現実を見るようにしてみてください。

つまりは、**「静観」**するのです。

その視点が持てると、今すべきことは何か、何を優先するべきなのかが、冷静に自分で判断することができるでしょう。そして、コントロールできないことは手放しましょう。落ち着いて、現実を「そうなんだ」とただ受け止められると、どんな現実もかなり楽になります。そして、ダメなところに目を向けるのではなく、できているところに目を向けましょう。すると未来が見えてきます。

いつでも客観的に静かに静観する習慣をもつことで、感情の世界にどっぷり捕まって、落ち込んだり、自己肯定感をどん底まで下げてしまうことから、サヨナラできますよ。

妄想した時から、もうそうなっている！

ここからは、私が久高島に渡る前に起きた出来事をお話しさせてください。それこそ、なかなか受け入れられない現実でした。

私が生まれた直後から、父は精神が弱く統合失調症を患っていました（亡くなった15年後に知る）。私も妹も早く自立して父と母を支えたいという想いが強く、普通高校へは行かず、看護高等学校へ進学。そのまま20歳で看護師として現場に出ることになりました。大学病院の手術室や救命救急での勤務など、とにかくハードな医療現場を経験したのですが、あまりの激務に燃え尽き症候群《バーンアウト》になり、一旦休むことにします。

その後、結婚しましたが、今度は父の自営業の経営が傾き、父は自死を選択してしまったのです。ショックが消える間もなく、私も離婚。仕事に復帰し、その後は老人ホームで働くことになりました。

そこでの仕事は、過度なストレスが原因でホルモンに異常をきたし、ついには脳に腫瘍が見つかります。30歳になる直前でした。

そこで私は、冷静にこう自問したんです。

「私は何がしたいの？　どうしたいの？」

その答えは、「結婚もしたいし、子どもが欲しい」でした。

手術室勤務の経験がありましたから、もし自分の状況で腫瘍を取り除く手術をしたら、脳の下垂体の奥にアプローチすることになるから、大変な手術になることは十分わかっていました。

その頃は、また結婚して子どもが欲しかったので、子どもが産めなくなるかもしれない現実を認めることなんてできませんでした。
「絶対手術はしたくない！　けれど、悪性腫瘍になるのも、絶対にイヤ！」
そう強く願い、再婚して母になるという自分の想いを叶えようと決意します。

そうして出会ったのが、今の夫です。出会ったその日に、私は自分の病気のことを伝え、「もしかしたら子どもは産めないかもしれない」と、正直に伝えました。彼は、「それでもいい」と言ってくれたので、そのまま交際スタート。

その後、息子がお腹に宿ったのです。

私の決意がよほどの薬になったのか、ホルモンが一気に変容し、結果、腫瘍もきれいに消えてしまいました。

息子を出産する時は、帝王切開で輸血をするくらい大変ではありましたが、無事に生まれてきてくれたことで、母になるという妄想が現実になったのです。

その後、育児と主婦業の傍ら、介護学校で教えることになったのですが、ワンオペ状態で頑張りすぎてしまい、お腹にいた2人目の子が3か月目に入った頃、流産してしまいます。

夫は仕事が忙しいことがわかっていたので、強がって「付き添いはしなくていいよ」と断りました。診察台に1人で上がり、カーテンの向こうで息子を待たせたまま、処置をすることになったのですが、ものすごい悲しみと、深い孤独感に襲われながら、帰りの車の中で外の桜が散るのを眺めて涙があふれ出てきたものです。

「僕がいるから大丈夫だよ」

まだ3歳の息子のピュアな愛に励まされながら、その日は帰宅したのですが、その後すぐに子宮ガンが見つかります。

追い討ちをかけるように、受け入れがたい現実が目の前にやってきました。

ワンオペ状態の家庭にも疲れ、仕事との両立に悩み、さらに流産までして、今度はガンになるなんて、なんで私はこんなに体が弱くてダメな人生なんだろう……。

自分で受け入れることができず、ウツになってしまい、さらに自分を責めるループに入ってしまいます。


思い返せば、小さい時から入退院を繰り返し、臨死体験をしたこともありますが、「あんたは体が弱い。大事な時にいつも具合悪くなって……」と母に言われてきました。

実家はお蕎麦《そば》屋さんを営んでいたのですが、忙しくて私たち子どもに構う時間がなかった母が、優しく接してくれたのは、私の具合が悪くなった時でした。


「そっかぁ、私は体調を崩すことで、お母さんの興味を引きたかったんだ！」

大人になって、子宮ガンを患ったことで、過去から繰り返してきたパターンにやっと気づくことができました。

「私は体が弱い、不幸な人間」という思い込みが自分の中に根づいていたので、それが現実になるよう、病気や家庭や職場の人間関係という手段を使い、自分で演出していたのです。

私の場合は、幸せな人生を生きる本当の自分にたどり着くために、大変な状況や病気などを使うことで、「どうしたいの?」と自分に聞いてあげることができました。

思い返せば小さい頃も、ウツになってからも、よく布団を頭からかぶって、ひとり静かに過ごして妄想しては元気になっていたものです。


起きていることに対して、静かにどっぷり浸ってみる。

私の場合はちょっと自分の体を酷使しましたが、**病気になることで、静かに自分と向き合って内観してきた**のだと思います。


自分の過去のパターンを繰り返すことで、子宮ガンにもなったんだと気づいた私は、とにかく自分が良くなるイメージと妄想に集中することにしました。

「ただただお母さんに認めてほしかったんだ。私は病気もなく、元気で、幸せになっていいんだ」

しばらくして過去のパターンから抜け出すことができると、子宮ガンも消えてなくなりました。

休むことを許可しよう

私の場合は病気になることで、自分の人生で大切なことは何か、どうしたいのかに向き合うことができましたが、病気になる必要はありません。

クライアントや患者さんには、**自分はどうしたいのか、どうなりたいのか、どこでどんなふうになりたいのか、**自分を内観し、未来思考で答えを見つけていただきたいと思っています。もちろん、この本を手に取ってくださったあなたにも、そうして幸せであってほしいと願っています。

ここでちょっと考えてみてください。病気になって初めて有給休暇を使って休むのと、元気なうちから有給休暇を使って行きたい場所に行って休みを謳歌《おうか》するのと、どちらがいいですか？

もちろん、後者ですよね。

私がセミナーやセッションでお会いする人の中には、「休めないんです」という方も多くいます。日本の働く環境も、日本人のマインドも少し変わってきたとはいえ、まだまだ気軽に〝休む〟ことはハードルが高いという人も多いのが現状です。

忙しすぎたり、自分を内観する静かな時間がとれていないと、私たちは幸せな人生を逃すどころか、自分の本質まで失ってしまうかもしれません。

あなたはどうですか？　頑張りすぎていませんか？　**自分のために、ちゃんと休めてい**

ますか？　休むことを、自分に許可してあげていますか？

私が久高島で出会って、仲良くさせてもらっている〝港区女子〟がいます。といっても、彼女の場合は、正真正銘、港区六本木生まれの六本木育ち。30代になるまでは、会社で働いて、休暇でハワイに行ったりと、悠々自適に過ごしていました。

沖縄に旅行中、ふと久高島にも立ち寄ることにした彼女は、ふらりと島を探索していた時、島のあるおじさんに突然こう言われたと言います。

「あんた、目が死んでるな」

「へぇ!?」彼女は訳がわからないものの、そのおじさんの眼光があまりにも鋭く、冗談で言っているのではないとわかりました。

「今から海に行って、体を海につけておいで」

2月の寒い時期、外は土砂降りでしたが、無視はできないと直感で思った彼女は、久高島の浜に連れていかれるまま、裸足で海に足を浸けました。

すると、勝手に涙があふれて、雨なんだか涙なんだかわからないほど、びしょ濡れになりながら、号泣したと言います。

ワーッとひとしきり泣いてから浜へ上がると、何かが抜けた感じがして不思議とスッキリし、ちゃんと自分に〝戻った〟と思えたそうです。

待っていた島のおじさんのところに戻ると、彼女の目を真っ向から見てこう言います。

「うん、だいぶ良くなった。けど、もう少しかかるな。あんた、ここにいたらいい」

彼女は結局、そこからのご縁で、自分の父親くらいの年代のおじさんの家に居候することになり、7年経った今も不思議な同居生活をしています。

この島のおじさんは、島ではタコ取り名人として有名な方です。70代なので、まだおじいと呼ぶには早いですね。

名人いわく、久高の海の中には、タコのマンションがあると言います。そこではタコが暮らしていて、ちゃんとその部屋に戻るのだそう。タコにも、帰る場所があるのですね。

彼女は、それまでの都会暮らしからきっぱり離れて、すべて休んでリセットすることに決め、久高島へ移住。島でのお仕事を手伝いながら、アクセサリー作りをしています。お父さんがいない人生を送ってきたこともあり、何のつながりもない他人ですが、そのタコ取り名人のおじさんとは親子のような関係を築いています。これこそ、無条件の愛のご縁だな、と見ていて思います。

六本木とはまさに天と地ほど違う静かな久高島で、彼女は自分の本質を取り戻してきたのでしょう。いつ会ってもキラキラした目で、とても優しく謙虚な人柄の彼女は、いつも私のことを気遣ってくれます。

彼女のおかげで、久高島での移住生活を楽しめていると言っても過言ではありません。

あなたも5分でいいので、休む（目を瞑《つむ》る・昼寝をする）ようにしてくださいね。

起きていることの9割は思い込み！

心理学や意識の世界を学んでいくと、私たちの現実は自分の想いが創っているんだということに気づいていきます。

さらにいうと、私たちの顕在意識は1割ほど。5％という通説もありますね。

ということは、**残りの9割の潜在意識は、私たちの顕在意識に上がってこないので、認識していない**ということです。

久高島には「イラブー」という、「神の使い」といわれる海蛇がいます。秋になると決まった場所に産卵をしに戻ってきます。私たちは海を見て、綺麗だな、魚がいるな、透き通っているな、蟹《かに》が隠れているななど、表面を見て海というものを認識しています。けれど、もぐってみたら、実はそこにタコのマンションや、神の使いが宿る場所があったりするわけです。

また、沖縄の白い砂浜が、実は珊瑚《さんご》の死骸だったと知ったことで、地球の温暖化を知り、海を大切にするにはどうしたらいいのかと、深掘りしていくきっかけになります。

私たちの心も同じ。自分が見ている世界は、氷山の一角の表面だけで、本当はまだまだ知らない9割の世界が自分の心にあるということでしょう。


だとしたら、自分が想いもしなかった現実や初めて見聞きする現実は、タコのマンションにひっそり隠れていた想い、つまり自分が認識していない9割の意識である潜在意識の中に潜んでいた想いによって引き起こされている、ということができるのです。


だから、今自分に起きていることや感じていることすら、自分の思い込みが原因なのかも!? そう思って、自分をいい意味で疑ってみてください。

そうすると、好奇心とかチャンスとか、見えなかった打開策が見えてくるなんてことが起きるかもしれません。

すべて、**あなたの心に潜んでいる思い込み。**だからこそ、**自分の「これが好き！」「これが大事！」という想いを大切にしていただきたい**のです。

逆に、もしあなたが時間にルーズなのは許せないと思っているとしましょう。かつての私がそうでした。

自分が忙しいからこそ、時間を守らない人はダメだなと思っていたんです。特に、医療現場にいた頃は、少しのミスが患者さんの命に関わる仕事だったこともあり、何事も完璧主義であるように頑張っていたんです。その自分の物差しで、自分だけでなく、相手もはかってしまっていました。

でも、それも思い込み。時間に遅れてしまっても、大丈夫な自分を許せていなかったんですね。同じように、人のことも認めてあげることができませんでした。

そんな価値観も、内地とは時間の流れやとらえ方がまったく違う久高島にいたら、真っ先に壊される思い込みかもしれません（笑）。

すべてをゆるすということは、自分をゆるすということ。

自分も相手も、誰もが100%完璧じゃない。まずはそう自分をゆるせると、とっても楽になります。それに、お互い様と思うことができて、すべてが良い方向に向かうのです。

おばあはいつも、私にこう言ってくれます。

「上等！」

それに倣って、完璧じゃなくても、いつも自分だけでなく他の方にもその言葉を言って差し上げるようにしています。

夢いっぱいの子どもの頃を思い出そう

心理学やヒーリングの領域を学んでいくと、インナーチャイルド（心の中にいる幼い自分、その記憶）と出会うようになります。これは必ずと言っていいほど、セッションやワークでいつか通る道かもしれませんね。

ここではぜひ、子どもの頃の自分にぜひアクセスしてあげてほしいのです。なぜなら、10歳くらいまでに思い描いた夢が、今の私たちの意識の根底にあるからです。

どうしても、インナーチャイルドのワークやセッションというと、傷ついた根元の自分にアクセスすることが多く、悲しかったり寂しかったりした幼い自分に意識して向き合わないといけないと、イメージする人も多いと思います。確かにそれも、癒やしの手段の1つです。

でもここでお伝えしたいのは、「ハッピーだった子どもの頃の自分を忘れていない？」ということです。

私は小さい時にアニメ『キャンディ・キャンディ』が大好きでした。いつもアニメを見るのが楽しくて仕方なくて、「いつ王子様が来てくれるのかしら」と、ワクワクしている〝夢見る夢子ちゃん〟だったんです。

「キャンディみたいにかわいいドレスを着て、看護師になって世界中を回るんだ！　大好きな人と一緒に、好きなことをしていくんだ！」

これが、私の人生のモデルとして、夢として意識に刻まれていました。思い出すと、今もすごくハッピーな気分になります。

子どもの頃を思い返すと、

「ハッピーにワクワクしながら夢を思い描いていた子どもの自分は、家族に愛されていたし、いつも楽しいことをして遊んでいたな。おじいちゃんとおばあちゃんにもかわいがってもらったな」

など、ハッピーな自分に気づいていくことができるんです。そうすると、ハッピーな気持ちになって、ワクワクを取り戻したり、無条件の愛を感じることができたり、落ち着いて穏やかな気持ちになることができます。


これは実際に、認知症の高齢者の方にも、とても効果があるんです。昔の楽しかった思い出や幸せなことを話してもらうと、認知症なのがウソに思えるほど、まざまざとその記憶を語ってくれて、本来の自分に気づいていきます。

実際に研修で伺った施設では、90歳のおばあちゃんが、「私、子どもの頃から琴をやってみたかった」とお話しされ、認知症があっても大正琴を練習し、次の年の桜が咲く頃、みなさんに披露されたエピソードもあります。

認知症だとしてもしっかり話を聞くことにより、最終的には介護者のことも信頼できて、本人の夢を叶えることもできるのです。

あなたの小さい頃の夢には、幸せのためのワクワクが埋まっています。それを、引き出してみたいと思いませんか?

きっと、「私って幸せだったんだ!」「幸せになっていいんだ!」と、自分に許可できるようになりますよ。そして、その頃の小さな自分を目の前にイメージして、たくさん抱きしめてあげましょう。

【column】

神の使い「イラブー」の燻製現場、初体験！

久高島に現れる海蛇「イラブー」は、神々が人々に与える贈り物と考えられ、琉球王府への献上品でした。海から頂戴したイラブーを収納する小屋が、久高殿の横にあります。

一番の名物は、なんといっても「イラブー汁」。エラブウミヘビという海蛇を、かつては神人のおばあが（現在は島の方が）手づかみで捕獲し、「バイカンヤー」と呼ばれる燻製《くんせい》小屋で7日間かけて燻製。旨味が凝縮したイラブーを水で戻して昆布やソーキと煮込んだ、栄養たっぷりのスープです。

イラブーは、琉球王国の時代から特別な意味を持つ生き物であり、かつて久高島の人々は獲ったイラブーを燻製にし、それを首里の王府に献上してきました。琉球王国が消滅した後も久高島のイラブー漁は続けられ、それは同じく久高島に残ったイザイホーの祭礼とともに、沖縄の伝統文化として残されてきたのです。

沖縄では琉球王朝時代から、イラブー汁が宮廷料理として食され、薬食や精力食、滋養強壮の効果、発汗作用、血液の浄化作用など、さまざまな効能があるといわれてきました。現在でも、栄養補給など〝体に効くもの〟として、広く珍重されています。

そんなイラブーを燻製する日、特別に見学させていただきました。

イラブーの鱗《うろこ》を剥ぎ、中身の処理をして吊るしたり、とぐろを巻くように整形していきます。それはとてもグロテスクで……。元々、蛇が苦手な私は、心の中で「ぎゃーーー！」と叫んでいました。

「鱗を干せばお守りを作れるよ」と聞いていたのですが、島の人がバケツいっぱいに分けてくれました。元港区女子の彼女と、「手袋、持ってないし……どうする??」と、顔を見合わせる私たち。恐る恐る、「そうだ！　シャケや魚の鱗だと思い込もう！　シャケ、シャケ！」とブツブツ言いながら、素手で1枚1枚、神様に感謝しながら広げていったものです。

徐々に感謝が生まれ、「お守りを受け取る人が幸せでありますように」という気持ちが湧いてきました。そして、久高島の「ていだかんかん（太陽燦々《さんさん》）」の陽射しのパワーを浴び、お守りが乾燥して、無事に完成しました。

脳をいいように騙《だま》して、時には思い込みを変えるように、幸せを創り出すちょっとの勇気が、誰かを幸せにすることができると思っています。


そうして、イラブー燻製の7日間がスタートし、ご褒美にイラブーの卵の茹《ゆ》で立てをいただきました。

恐る恐る食べてみると……モッツァレラチーズみたいでメッチャ美味しい！　なんとも貴重すぎる味を体感させていただきましたが、パワーが強すぎて、鼻血が出そうになりました。
久高島のイラブー汁もイラブー酒も美味しいので、ぜひ食べに来てくださいね！

セルフ・スティルネスワーク3

子どもの頃の私に語りかける

インナーチャイルドのワーク

ここでは子どもの頃の自分を思い出してみましょう。

ワクワクしていた自分を思い出すことは、幸せになるための鍵になります。

目を閉じて想像してみてください。

あなたが子どもの頃、最もワクワクした出来事はなんですか？

そしてそれは、いつ・どこで・誰と・何をしていた時？　そしてどんな気分でしたか？

子どもの頃にあった出来事と、それによって良かったこと、どんな感情になったのかなどを、書き出してみましょう。

その何が大事でしたか？　今と変わらないことはありますか？

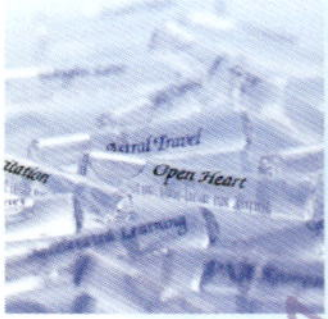

『Make your life more creative』
-あなたの人生をよりクリエイティブに-

ヴォイスグッズでは、他にはないワクワクと
トキメキ溢れる不思議なアイテムを取り揃え、
みなさまに発見と感動を促す
様々なグッズをお届けしてまいります。

スピリチュアルグッズが200点以上！
ヴォイスグッズ
⇦Webはこちら

VOICE GOODS

ヴォイスグッズ
⇦LINE登録はこちら

LINE

【VOICEメルマガ】
お得情報満載！
ヴォイスグッズ＜波動通信＞
こちらから⇨

SCAN ME

お申込み・お問合せ　株式会社ヴォイスグッズ

● ご注文専用フリーダイヤル
平日　9：30〜21：00
土日祝　9：00〜21：00
0120-0-5777-0

● ＦＡＸでのご注文　全日24時間
Fax 03-5411-1939

● 商品のお問合せ(平日のみ)9：30〜18：00
☎ 03-5411-1930

プラスの感情からの価値観出し <子ども時代のワクワク>

何があった？（事柄）

何が良かった？（エッセンス）
その何が大事だった？

________ → ________

________ → ________

________ → ________

________ → ________

________ → ________

________ → ________

________ → ________

________ → ________

________ → ________

手放しワーク

もしワクワクが思い浮かばない場合は、「手放しワーク」がおすすめです。

今、手放したいネガティブな感情が出てきたら、次のイメージワークをやってみましょう。

①あなたは海の前に立っています。自分が思う海をイメージしましょう。そして、次のように言ってみます。

「私は、◯◯（感情や思考、出来事を思い出します）を手放します」

（感情がわからない場合は、次の章の感情〈P172〜3〉から参考に選んでみてください）

②その◯◯を、ハートの中から手で取り出して（そういう動作をする）、両手のひらの上に置きます。それはどんな大きさで、形で、色でしょうか？

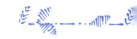

（自分が感じるイメージをそのまま感じます。正解・不正解はありません）

③そして、大きく深呼吸。いらないものを吐き出すように、「はあ～」っと呼吸とともに、目の前の海に「せーの！　ゴロゴロゴロゴロ」と前に押し流します。

そして波がきて、ザブーンとそのいらないものを持っていってくれるのをイメージします。

④スッキリするまで何回かやってみましょう。
（その後も何度かその感情などが出てきた場合は、繰り返し手放しワークをしていきましょう）

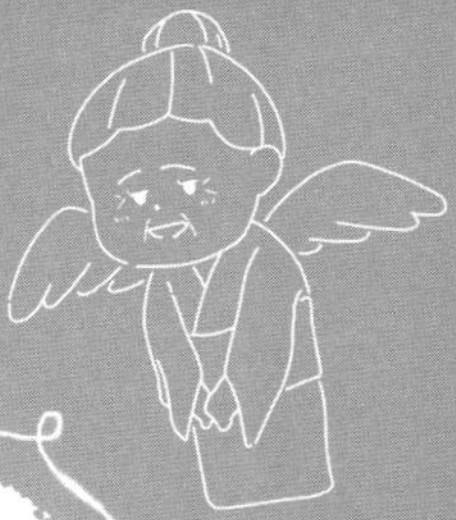

第4章

「静」は動きを止めると宿る

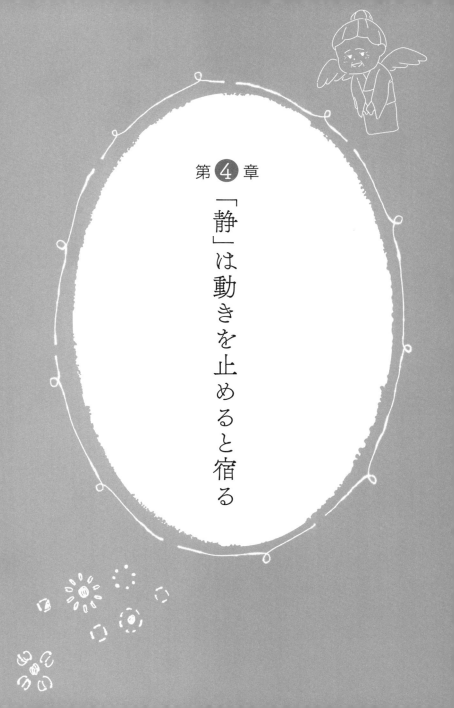

静寂は孤独ではない

スケジュール帳やスマホのカレンダーを開くと、予定が入っていなくて空いている日が連日続いています。あなたは、どう思いますか？

過去の私だったら、不安に駆られて「スケジュールを埋めなきゃ！」と焦っていたことでしょう。そのために、誰かとの出会いを求めて、いろいろな会やイベントに参加したかもしれませんし、スケジュールがパンパンになるように新しいプロジェクトを立ち上げたかもしれません。

実際、起業したての頃は、スケジュールをぎゅうぎゅうに詰めていました。そういう時に限って、子どもの具合が悪くなり、仕事の予定まで強制終了になったことも何度もあります。

なぜそこまでして、スケジュールを埋めたかったのでしょうか。それは、動きを止めてしまうと周りに置いていかれてしまう。そんな自分はダメだと思っていたからです。

自分はちゃんとしていなきゃダメだ、常に動いていなきゃダメなんだと思って、仕事も家庭も完璧にこなそうとしていたのに、結果的に熱を出して倒れてしまうこともありました。

強制的に布団の上に横になって、ふと気づいたのです。

シーンと静まり返った家。誰もいない。それでも、結果的に何も変わらない。私が動こうが、動きを止めようが、我が家も社会も世界もちゃんと回るんだ、と。

それまではどうしても、自分は仕事が休みでも、周りの人が忙しく頑張っている姿を見ると、「私はちゃんとできていない」という焦りや不安が湧いてきていました。なによりも、動きを止めることで「孤独」になってしまうと思い込んでいたのです。

動きを止めて静けさの中に在ることへの不安は、私にとってなかなか根深く、その後も不安に駆られることはありました。

その1つが、前述しましたが、新型コロナウイルスによって、医療現場へのコーチングができなくなってしまった時です。びっしり埋まっていた全国で開催するセミナーが、すべて白紙になってしまいました。私が提供していたセミナーは、ヒーリングについてのレクチャーも含んでいたので、オンラインに切り替えて開催することが難しかったですし、医療従事者を対象にしていたので、机で勉強している場合じゃないという緊張感がありました。

そのため、すべてのセミナーが中止。完全に動きがストップしてしまったのです。

この時も不安になりましたが、焦っても仕方がない状況。特に、医療現場を知っている立場として、受け入れるしかありませんでした。

そこで、自分の勉強に充てる時間にしようと、緊急事態宣言が明けてすぐ、沖縄で開催されるマインドフルネスの講師養成講座に参加することにしたのです。
そして、久高島でアマミキヨ様との出会いがあり（P84）、今につながっています。

強制終了がかかるようなときは、「止まってみて」というメッセージ。**止まって静けさに身を置くと、次に進むべき道などが見えてきます。**

そこは、決して孤独ではありません。むしろ、静けさの中でしか受け取れない、またはつながれない領域があると、私は自分の経験からそう思っています。

久高島でつながる森羅万象

カベール岬でアマミキヨ様とつながったことから、私の久高島での暮らしは始まりましたが、久高島では精霊や七福神をはじめとする、いろいろな神様の存在がやって来ている土地であると感じます。ある意味、日本の神々の縮図のような島です。

内地からは離れた場所に位置している南の島ということもあって、いろいろなエネルギーが交差する場所だなと感じています。

石垣島や西表島《いりおもてじま》など、他の沖縄の島も訪れましたが、土地土地にそれぞれ大切にされている島の神様がいて、島の人々の信仰の仕方も異なるのを目にしてきました。祈りのスタイルも異なりますが、沖縄ではやはり、ご先祖様への信仰心が今も大切にされています。

お祝い事があるときも、お願い事があるときも、ご先祖様へ感謝する。心静かに手を合わせる。これが、沖縄の人の風習であり文化です。

私も久高島に来るまでは、全国の神社巡りをして、その中に神様を必死に探していました。けれど、初めて久高島を訪れた時に、すごく美しい景色を見させてもらったのです。満天の星空にキラリと光る流れ星、絵の具で描いたような夕日、真っ青な海――。夕日に照らされた海に、ひとり静かに浮かんでいたら、自分の心のモヤが晴れていくのを感じました。それと同時に、自分は宇宙の一部なんだなと感じることができたのです。西の空に太陽が沈み、同じ水平線の東には満月が昇ります。日の入りと月の出を同時に拝むことができた時、心が震え、そして、久高島で得た感覚に心が満たされて涙があふれてきました。島の方は、「自然を見て感動したら、自分と自然の間に神を見る」と言います。

神様を探し求めていた私でしたが、神様はどこにも宿っていて、いつでもつながることができるんだと気づくことができたのです。

「神様は、空にも海にも風にもいるし、この景色の中すべてにいるんだ」

これを言葉にすると、**「森羅万象」**と表現できるでしょう。

かつて、人が自然の中に在り、自然を信仰していたそのエネルギーを、久高島で初めて実感できたのです。

久高に移住してからも、その感覚は色褪《いろあ》せるどころか、どんどん強まっています。

ある日、太陽が沈む頃、海に浸かりながら海の中から夕日を拝んでいました。その後には、反対の浜辺で満月を見ることができました。そう、この島には夕日と月が一緒に見れる、美しい場所があるのです。

朝日が出る時は、太陽が地球をすっぽりと包むように、反対側の岸までもピンク色に染まっていきます。

そして、東のニライカナイの方角から昇ってくる太陽を拝みます。

星も朝日も、すべてが自分の味方。そう感じられるひとときです。

久高島の人々は、もちろんご先祖様信仰が中心ですが、森羅万象が根づいています。だからこそ、特定の神様というより、**大自然、この地球全体に対して心静かに手を合わせます。**

そして、自然に宿る力を信じ、敬意を払っているように感じます。その1つが、お塩です。

久高島では、塩を「ウス（潮）」と呼びます。命の始まりは海であり、その海の産物であるウスを大切にしています。

私が内地へ向かおうとした時、島の人に「これ持っていきなね。守ってくれるよ」と、小さい布状の黄色い袋を渡されました。何だろうと中を開くと、そこにはお塩が入っていたんです。

島では「ふがに真潮《まうす》包み」という名がついたその黄色いウス袋は、魔除けやお守りとして島の人たちが手作りしています。

もともと沖縄では、赤ちゃんが生まれると、マースデーといって塩代を赤ちゃんの懐に入れていたという風習があるそうです。久高島でも、赤ちゃんが生まれたら、ハサミと塩を頭の横に置いたり、赤ちゃんの靴下の中に忍ばせたりしていたと、おばあが教えてくれました。

ほかにも、塩ではないですが、ヒラヤチー（チジミみたいなもの）をおすそ分けしていただいた時、ラップの上に「サングワー」というアダンの葉を紐《ひも》状にしてくくったものが置いてありました。

こうすることで、魔除けやお守りにするという風習なのだそう。自然からの力を借りる風習が、当たり前のごとく今もなお残っています。

自然の中でも、特に塩には私たちを守ってくれる自然の力が宿っていると、島の人々は信じて、大切に扱っています。それに、湿気の多い島では、放っておくとすぐにウスは湿気を吸って質感が変わります。それは、ウスが海からやって来て、呼吸しているからなのでしょう。

私も久高の海からウスを作ってみたのですが、1リットルの海水に対し約10グラムほどしか作ることができませんでした。貴重なものなんだなぁと思いながら、鍋を焦がさないようにクックッと火にかけている時間は、祈りにも似た、自然界と対話するなんとも静かで幸せなひとときです。

心が静かだから祈るのか。祈るから心が静かになるのか。

どちらもあるでしょうが、島の人々の祈る姿を見ると、森羅万象を前に「静」で在ることの大切さを教えてもらえます。

神様とか森羅万象と聞くと、難しいなと感じる人もいるかもしれませんが、私たちも普段美しい自然の中に身を置くと、すごく**「生きてる！」**と実感したり、こんな綺麗な景色を見れてご褒美みたいだなと感じたことはあるのではないでしょうか。

その感覚を、昔の日本人は、太陽の神様・月の神様・海の神様などと表現をしていたんじゃないかなと思います。そうすることで、自然への敬意を胸に、神様と共に生きてきたのでしょう。

それを考えると、日本の文化や信仰が、沖縄にルーツがあるという説も納得できるなと思っています。

思考が止まらないなら自然とつながろう

あなたは常に頭の中のモードがオンの状態でしょうか？　いつもうるさい〝ぐるぐる思考〟が動いていて、考え事が止まらない状態ですか？

特に、大都会にいると、情報や刺激があふれていますから、思考が止まらないという人は多いかもしれませんね。

人間は、頭の中で1日に6万回おしゃべりをしているというデータがあります。

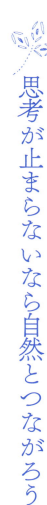

つまり、意識してもしていなくても、そのくらい私たちの思考は動いているということです。

その状態だと、なかなか自分の心の声や、深くにある声に気づくことが難しいでしょう。思考が雑音となって、自分の本心を聞き取りにくくなるからです。

そうなると、自分が本当はどうしたいのか、自分の本当の夢、本当にしたいことすら、「そんなのは夢物語だから私には無理！」「夢見る前に明日の生活のほうが大事でしょ！」なんていう思考の声にかき消されてしまいます。

それに、「こっちに進むと夢が叶うよ」「いいことがあるよ！」という直感すら、思考はかき消してしまうのです。

では、どうしたら思考を止められるのでしょう。

その1つの答えが、**大自然とつながること**です。

スマホの電源をオフにして、頭の中にぐるぐる思考が渦巻いているなら、考え事も一旦、脇に置いて、自然の中へ出かけてみましょう。

私もリトリートに来られるお客さんに、いつも自然とつながるようにおすすめします。島で唯一泳いでよいメーギ浜の海に足をつけたり、砂浜に手をじんわりくっつけてみる。それだけで、泣き出す人もいます。それは、勝手に自分の中で禊《みそぎ》が始まった合図。思考が止まり、自分の中の余計なエネルギーが浄化されていきます。

思考が強いタイプの人には、海に全身入ることをおすすめしています。海に慣れていない人であれば、私が少し体を支えるようにして、ぷかぷか服を着たままで浮いてもらうんです。海に〝FLOW《フロウ》〟する。そうすると、カチカチに筋肉が固まっている人や、頑張っている経営者の人も、思考が止まって体の力が抜け、気持ちよく浮くことができます。

まさに、**自然に身を委ねる状態**ですよね。海に身を委ねると、思考も程よく自分の外側へと流れていき、**完全にリラックス状態**になります。

そして、**静寂さに包まれる**のです。

また、私の家の畳の上でみんな転がって休んでいると、深い昼寝に入り、目が覚めても地球の大地とペタッとつながって、なかなか起き上がれないほどの感覚になるといいます。久高島では、本土で忙しく頑張られている方ほど、時を忘れてよく眠ります。

その状態から現実世界に戻ると、より直感も鋭くなって、**「今ここ」**の状態になり、そして自分にとって大切なこと・大切じゃないことの選択も素早くできるようになるでしょう。

思考を止めた静けさの中に入ると、より気づきにあふれ、最適な動き方がわかるようになります。

感情を静かに味わう

私たちの思考に伴って、感情もフル稼働していますよね。その感情を振り切ったときに、静けさがやってきて、本当に大切なことにたどり着くことができます。

しかも、私たちの感情の裏には、自分でも気づいていない価値観が潜んでいるのです。なぜその感情を抱いているのだろう、なんでこんな感情が湧いてくるのだろう。

自分の感情を静かに味わうと、自分の深い部分で持っている価値観に気づくことができるでしょう。

目を閉じて、胸に手をあてて深呼吸してみましょう。

あなたは今、何を感じていますか？　どんな気分ですか？

あなたは今どんな感情ですか？

そしてこれからは、どんな感情を手に入れたいですか？

次のページにある「感情・心の状態」から、今の感情を静かに味わってみましょう。

穏やか
自由
無価値感
至福
多幸感
自信
ワクワク
勇気
許し
あせり
満足感
いたわり
疑い
一体感
嫌悪感
まじめ
感謝
肯定感
感情・心の状態
哀れみ
孤独感
不安
嫉妬
せかせか
シクシク
平和
はずかしい
なつかしさ
寂しい
悲しみ
執着
心配
無関心
パニック
絶望
屈辱
無気力

幸福
達成感
情熱
充実感
楽しい
晴れやか
調和
冒険心
驚き
愛する
優しい
怒り
苦しみ
敗北感
責任感
興奮
ショック
誘惑
なれなれしい
違和感
歓び
恐怖
つらい
ドキドキ
敵対心
罪悪感
スピード感
いらいら
後悔
無気力
プンプン
憎しみ
意地悪
信頼感
きまりが悪い

父の死が教えてくれたこと

私は自分の父がこの世を去った時、悲しみの感情の先に、自分にとって大切なことは何かの答えを見つけることができました。人は土壇場になると、自分が本当にやりたいことや幸せにたどり着けるんだと、その時、実感したものです。

私の父は、お蕎麦屋さんでした。私が小さい頃からお店は忙しく、親に甘えることすらできない子ども時代でした。就職をして結婚し、しばらくして旅行から帰ってきたら、父が亡くなったという知らせが届いたのです。急いで駆けつけると、懐かしいお蕎麦屋さんの座敷の奥に、父が横たわっていました。

「お父さん……」声をかけても返事はなく、触れてみたら冷たい父がいました。

私は看護師として何人もの方をあの世へ見送ったことがありますが、身内の死は初めてでした。

お葬式も終わり、あっという間に現実は過ぎたにもかかわらず、テレビを見ても、周りで笑っている人を見てもツライ日々。

「いや、これはツライというか？　何が起きているんだろう？」

そんなふうに**感情が麻痺して、無になり何も感じなくなった**のです。

これは現実なんだろうか？　ウソなんじゃないのか？　いろいろな感覚を覚えながら、ボーッとする日が続きました。

父の遺影に手を合わせ、ふと見上げると、戒名が目に入ってきました。そこには、こうあったのです。

「精商院麺業章貫清居士」

「父はもしかしたら、精いっぱい、蕎麦屋として全うできたのかもしれない」

悲しみにくれながらも、戒名を見た時、そう思えたのです。その日から、天国にいる父との対話が始まりました。

その後、私は父への悔やむ気持ちを高齢者に向け、「その人らしく生きることを応援する看護師になりたい！」と、高齢者看護の道、講師へと転身することを決意。今は、潜在意識を引き出すコーチとして、ヒーラーとしても活動しています。

私のもとへ来られる方からは、治療目的ではないけれど、気づいたら体調が良くなった、アトピー、ガン、ＰＴＳＤやウツがなくなったなど、ミラクルな報告をたくさんいただきます。もちろん、夢が叶った、人間関係が良くなった！など、深い傷が癒やされることで、多くの方の悩みは必然的に解決していきます。

私の父は、死をもって大切なことを教えてくれました。

1. 魂の声に従って、自分を信じ自分軸として生きること
2. 自分を愛しエゴを手放すと、自然と周りに愛を与えることができ、素敵な方と出会えること
3. 「今ここ」にいて幸せでいると、必ず夢が叶うこと

どん底の人生の中、毎日仏壇に手を合わせて父と対話したことは、ご先祖様や宇宙、神々との対話（チャネリング）ができるようになったきっかけでもありました。

とはいえ、父の死から立ち直っても、長い間、死についてオープンに話すことができずにいました。私の中で、死がブロックとなってしまっていたのです。

そんな時、本書のプロデュースをしてくださっている山本時嗣さんの著書『死を力に』（文献3／光文社）を手に取りました。そこでは、私と同じように父親を自死で亡くした状況や、どうやって乗り越えて、タイトルのごとく〝死を力に〟変えていったのかが、記されていました。

読んだ瞬間、私の中でなにかが解放されて、大きな力が湧いてくるように感じました。それは、父の死という経験を通して、深い悲しみとともにできてしまった死へのブロックが解放された瞬間だったのでしょう。

死という経験を通して、自分の力を取り戻し、そして生きる力に変えることができる。

そう確信した私は、ツラかった父の死について、そしてそこから得た気づきを、今ではオープンに話すことができています。

ツライことも、どうとらえて行動するのかで、人生は変わります。必ず希望の光が差し、太陽は温もりを与えてくれます。

ですから、宙を見上げたら**「本当はどうしたい？」**と、自分に問いかけ続けてほしいのです。

「本当はどうしたい？」という言葉は、父が残してくれた遺言かもしれません。

あなたの中に、答えはあります。あなたはいつも見えない力に見守られています。そして、あなたらしい未来が、必ずやって来ます。

喜怒哀楽はとても大切です。もし悲しくてツライ現実が起きても、**涙はあなたに癒やしが起きている証拠。**たくさん自分を癒やしてあげてくださいね。絶対、大丈夫!!

感情に気づくと隠れた価値観がわかる

死というのは究極ですが、その体験をせずとも、日頃感じる感情を静かに味わうことで、自分の本当の気持ちに気づくことができます。

悔しい、悲しい、嬉しい、楽しいという感情を静かに味わう。すると、その**感情の裏に隠れている自分の価値観**にも気づくことになります。

なんでこれを悔しいと思うのだろう。なんでこんなに楽しいんだろう。

そう自分の感情の裏にフォーカスしてみると、「子どもの頃から叶えたかったことだから、自分でできないことが悔しいんだ」とか、「これが本当に自分の好きなことだから、こんなに楽しいんだ」など、静かに感情を味わって、冷静になることで、自分をより深く理解できるのではないかなと思います。

心理の世界では、ネガティブな感情に焦点を当てることが多いですが、嬉しい！楽しい！のようなポジティブな感情にも、ぜひ注目してみてほしいのです。

とはいえ、ポジティブな感情が湧くと、ぐわっとエネルギーが上がるので、勢いに任せると静けさとは離れてしまいます。エネルギー的には、自分の夢を簡単に宣言することと同じ軽さかもしれませんね。

もちろん、自分の夢を口にすることは大切です。けれど、夢を現実化するのは、実はけっこう勇気が必要だったりします。宣言した手前、夢に向けて有言実行する必要がありますよね。軽々しく夢を口にした結果、想像以上の苦労を背負って、もう叶わなくていい、と思ってしまうことだってあるかもしれません。

逆に、**叶えたい夢や宣言こそ、静かに厳《おごそ》かに決めていく**と、意外にもすんなり目的地にたどり着けるものなのです。

ひとり静けさの中にいるときに、**「よし、私はこれをするぞ」**と決めると、腹をくくるような感覚で自分の中にストンと落ちます。しっかり地に足がついた状態で、決めたことに向けて動いていけるので、コツコツと自分のペースでゴールまで進んでいくことができるのです。

静かに夢を叶えることについては、最終章でたっぷりお伝えしますが、ゆっくり時間がかかってもいいから、動きを止めたときに宿る静けさの中から湧き出るものを味わってみてくださいね。

体の動きを止めて声を聞く

私は小さい頃から、何かあると熱を出して具合が悪くなるタイプでした。それは大人になっても変わらず、子宮頸がんのような病気にもなりましたが、大小にかかわらず強制終了がかかる時は、たいてい熱を出すことで必然的に体の動きを止めさせられてきました。「静かにしていなさい」という体からの強制的なサイン。今はそれを、静けさの中に入って自分の声を聞くチャンスだととらえています。

子どもが小さい頃や手がかかる時期は、動きを止めることが難しくて、自分の具合が悪くなることで強制終了してきましたが、40代後半に差し掛かった頃にこう思ったんです。「自分が無理して頑張って動いても、ごはんはうまく作れないし、具合が悪いのに作ったところで美味しくない！　だったら、頑張るのをやめちゃおう」

いずれ頑張りすぎがたたって強制終了になって静かにさせられるなら、はじめから頑張りすぎず、静けさの中にいるようにしようと決めたのです。

そう決めてから、過ごし方が変わりました。たとえば、頭で何も考えないで本を読む、音楽を聴く、動画を観る、体が痛くなるくらいよく寝る。静かに楽しみながら、同時に体も休めるようにしました。すると、心が勝手に整って元気になっていったのです。

だからもし、あなたが頑張りすぎてしまう人であるなら、**体を止めて自分を休ませてあげてください。**

「休んでいいんだよ」と、自分に言ってあげてください。

ただ、頑張っていない人が「私は頑張らないでいいんだ！」と思い込んでしまうのは、ちょっと意味が違います。

たまにスピリチュアルなことを学んでいると、「頑張らなくていい」という言葉だけをピックアップして当てはめてしまうかもしれません。その本意は、頑張りすぎている人が「頑張らなくていい」と自分に言ってあげるということ。

頑張らなくていいんだから、何もしないというのは意味が違うので、都合よく解釈しないで、ちゃんと自分と向き合うことが大切になってきます。

体の病気や怪我は、シグナルです。だからこそ、病気になる前から、自分の体の声を聞いてみてほしいのです。

たとえば、脚に痛みがあるなら、この脚は何を自分に訴えているんだろう、どんなメッセージを私に伝えようとしているのだろうと、脚の声を聞いてみます。

「歩くために必要な脚が痛いということは、進む方向が違うのかな」

「痛くて動けないということは、今は動きを止めるタイミングなのかな」

そんなふうに、**自分の体の訴えに全身の感覚を傾けてみてください。**

慣れるまでは難しいかもしれませんが、これも静けさの中にいると、不思議と自分の体の訴えを聞いたり感じたりすることができるようになります。または、たまたま見聞きした広告とか、友人からのメッセージなどを通じて、外からの情報で答えをキャッチする、シンクロ現象が起きるなんてこともあるでしょう。

私は看護師として現場で働いている頃から、肉体的にも、目に見えないエネルギー体的にも、弱って具合が悪くなることがしょっちゅうでした。

現場を離れてから、東日本大震災後に被災地で要望をたくさんいただき、看護学校でセミナーをしていたのですが、被災地ではまだ浄化されていない亡くなった方のエネルギーも受け取ってしまい、毎回セミナーの後は1週間寝込んでいました。回復しては、また被災地へ向かい、セミナーをしては寝込む……。夢の中で「助けてくれー!」と声が聞こえることもありました。

そんなことを繰り返していたのですが、先述した師匠に出会い、自分のエネルギー体の浄化とプロテクションの大切さを教えてもらいました。そうしないと、肉体は酷使するし、「エネルギーアタック」と呼ばれる、いわゆる「念」というものを受けてしまうのです。

「念」とは、今という瞬間に心を置くということ。良い心を抱けば良いエネルギーが飛び、気づきも起きます。逆に、ネガティブなエネルギーは、意識していなくても、私たちも飛ばしてしまうことがあるのです。

そのように、亡くなった人や、時には生きている人の感情などの、目には見えない攻撃をされてしまうということもあります。

大変な経験をした故郷・東北の被災地だからと、なんとかして差し上げたくて、ついつい私も自分の体の弱さを無視して頑張りすぎてしまっていたのです。

加えて、土地的にはまだエネルギー的に浄化される前の段階でしたから、きちんと対策をしてから臨むべきだったんだと、寝込むようになって知りました。

私は無理してでも頑張ってしまうタイプのため、体を壊したり病気になってから、自分の内なる声に気づくので、けっこう大変です（笑）。

だからみなさんには、そんな大変な想いをせずとも、自分の声を聞いたり、体の声に耳を傾ける習慣を身につけていただけたらと思っています。

強制終了がかかる前に、静かに立ち止まって、浄化とプロテクションをして（「スティルネスワーク1」参照）、自分の声に耳を傾けてみてくださいね。

魂の痛みがあるからこそ、「今ここ」を生きる

昔々、看護師の大先輩ナイチンゲールは、身体と魂はつながっているという観点から、患者さんを看とってきたと言われています。それが、「魂のケア（スピリチュアル・ケア）」

の始まりです。

つまり、**命の根源に魂とのつながりがあり、魂の痛みは、命の危機的状況や、死にゆく人々やその周りの方、誰もが感じてしまうもの**です。

私たちは今、理由もなく、なんとなく痛みを抱えているのではないでしょうか。不安やザワザワした心が、どこかにありませんか？

なぜ今、私たちは、ザワザワしているのでしょう。

それは日本だけではありません。今、世界中でなんらかの痛みを抱えているように思います。そしてその痛みは、集合的無意識下での「スピリチュアル・ペイン」であるような気がします。

集合的かつ無意識にある魂の痛みに対して、私たちはどうすればよいのでしょう。

この世は、肉体を持った学びの場です。ですから、私は魂がもし輪廻転生《りんねてんしょう》するのなら、この世が最後として生き切りたいといつも思って、**「今ここ」を大切に味わうように**心がけて生きています。

そうやって、今を生きることで、自分の魂の痛みから癒やされ、ひいては周りの人、世界全体の集合意識も癒やされていくと思うのです。

今、多死社会の時代に突入しました。命にまつわるスピリチュアルへの学びは、今後とても大切な課題になってくると思っています。

自分の人生は、自分でいつでも、どこでも、どんなときも、変えていけます。この機会に、静けさの中で感じてみてくださいね。

【column】

沖縄の風習「うーとーとー」

沖縄では、仏壇や神様に手を合わせて祈ることを「うーとーとー」と言います。

「うーとーとーしなさいね」と言われて育ったという沖縄の人も多いかもしれませんね。

ご近所に暮らす93歳のおばあにとって、「うーとーとー」は息をするように自然なこと。

たとえば、私が本島からのお土産で買ったお寿司のパックに対して、受け取る前に、静かに目を瞑り手を合わせて感謝を捧げます。とても神々しくておばあのほうが神様みたいですが、その姿はとても美しいなと感じます。

そして、おばあが畑仕事をしていると、毎日、沖縄と内地を結ぶ飛行機が頭上を通ります。その時、おばあは作業の手を止めて、手を合わせて空に祈るのです。

「無事に到着できますように」

もちろん乗客のことを知っているわけではありません。家族や知人ではない見知らぬ人のことでも、当たり前のように祈る。

そしておばあは、いつもこう言います。

「人を愛すると自分が愛される。そして自分を愛すると人に愛されるよ」

そんなふうに、いつも大事なことを教えてくれます。

おばあがいつも優しくて心穏やかなのは、うーとーとーが当たり前のように身についているからなのでしょうね。

あなたが沖縄発着の飛行機に乗ったときは、おばあがあなたの無事を祈っているんだと、思い出してくださいね。

セルフ・スティルネスワーク4

死までの21日間

3週間後の死のワーク

もしあなたの命があと3週間だとしたら……?
静かな場所でこの問いに答えていくことで、あなたにとって本当に大切なこと、魂が求めることが浮き彫りになってきます。

目を閉じて深呼吸。想像してみてください。
もしあなたが3週間後に死を迎えるとしたら……
死までの21日間、あなたは何をしたいですか?
シートに書き込んでみましょう。

3週間後の死

1日目	
2日目	
3日目	
4日目	
5日目	
6日目	
7日目	
8日目	
9日目	
10日目	
11日目	

3週間後の死

12日目	
13日目	
14日目	
15日目	
16日目	
17日目	
18日目	
19日目	
20日目	
21日目	何か言い残す言葉はありますか？

本当に大切にしたいことは何ですか？　大切にしたい人は誰ですか？

そして、今、本当にしたいことは？　誰とどこで何をしますか？

第5章

静けさを保ちながら幸せに生きる方法

豊かなエネルギーは巡ってくる

久高島に暮らして約1年。初めて経験することや風習の違いなど、久高島ならではの文化に触れてきました。その中で、驚くこともたくさんあります。

先日ふと、つぎのことに気づきました。

「はっ！　この2週間、お財布を出していない！」

家族が暮らす関東の家から久高島へ戻ってきて、2週間経っていましたが、戻ってきてから一度もお財布を出していなかった、つまりお金を払っていなかったのです。

久高島には当初、食材などの買い出しはどうしたらいいのかわからない状態で引っ越

してきた私。家に到着して、スマホがつながらないとプチパニックになりながらも（P25参照）、せっせとお片づけをしていたのですが、島のご近所のみなさんが「ようこそ〜」と迎えてくださいました。そして、「いっぱい採れたから食べませんか」と、畑で採れた野菜をおすそ分けしてくださったのです。

島の人たちは、ご自宅で食べる分の野菜を畑で作っています。しかも、その畑は神様からの借り物であり、野菜は神様の作物。島の人たちの分け与える優しさと豊かさに感謝しながら、ありがたくいただきました。

その時の感謝を胸に、私も島の人たちにお返ししたいと、自分にできることをするように努めています。

たとえば、看護師としての視点を生かして、高齢なおばあが転ばないように畑からの道を一緒に歩いたり、湿布を貼ってあげたり、夕涼みの時間に海から汲んできた水を桶に入れて足浴して差し上げたり……。

どれも私が病院や介護施設で日常としてやっていたことの応用ですが、高齢のおばあや

おじいをはじめ、島の人たちに敬意とリスペクトの念を持って関わることがベースにあります。その気持ちで接していたら、おばあやおじいのご家族も、そして島のほかの人たちも、私に対してよくしてくださっています。私にとって幸せな時間です。

この前も、私が港から自転車に荷物を乗せて帰ろうとしていたら、荷物が重くてバランスがとれず転んでしまったんです。「〇〇さーん、助けて～」と叫ぶと、近所に住む画家さんが自転車に絡まった私のスカートを取り除きに来てくれました。その様子を見ていた島の人が、「自転車の後ろにカゴつけてあげるよ」と、私が本島に行っている間に、本当にカゴを取り付けてくれていたのです。
見ず知らずの人にそこまでできるの?と、もうビックリ!

それに対して、お金を払いなさいという感じもなく、真心から人のために行動される島の人たちの心の豊かさを、私も倣いたいなと思ったものです。

そこで、出張で島を離れた時、あるお店で売っていたTシャツを見たら、古くなったシャツを着ながらカゴをつけてくれたおじさんの顔が浮かんできたので、久高島の海の色

に似たブルーのシャツをプレゼントしました。

また、別の時には、「2つもらったから」と、ご近所さんからレタスをいただきました。聞くと、島には野菜栽培をしている工場があるのですが、出荷できなかった野菜を、そのご近所さんはいただいたそうなのです。

「こんなにいただいちゃっていいの？」と、おすそ分けしてもらった野菜が、また違う人から私の手元にも流れてきたんですね。

そんなふうに、島の中では人と人がつながっていて、自然と循環ができています。その優しさに、私も便乗させてもらうことが、今もたくさんあります。

見返りを求めない持ちつ持たれつの関係は、幸せなエネルギー交換ですよね。

久高島では、物々交換までいかなくても、**「ありがとう」の循環**が自然と成り立っています。

島のものはみんなのもの。

そんな考えが根底にあるため、豊かさを分かち合って、エネルギーを循環させているのでしょう。かつての日本では、普通に見られた光景なのかもしれません。

これから、時代も変わり、新しい世界へとシフトしていきますが、その中で世界の経済システムが変わっていくといわれています。お金の価値や在り方が変わっていくのでしょう。

どんな世界になっても、これから大切になる愛の循環が、久高島ではすでに成り立っているなと思っています。その証拠に、出かけて帰ってくると、いつも玄関に黄色いパパイヤやシークワーサーがお供え物かのように置かれている日々ですから。

静けさと人との距離の保ち方

ここまで聞くと、ご近所さんや島の人たちとの距離感が近すぎると感じる人もいるかもしれませんね。特に、都会暮らしの人や核家族で育ってきた人にとっては、その距離感はなかなか無理だなと感じるかもしれません。

でも、実際に暮らしていると、島の人たちとは適度な距離感を保つことができているので、心地よさを感じます。

私は、医療現場での経験も長いですし、ワンオペ育児で頑張ってきたので、自分で無理をしてでもなんでもやってしまうタイプです。本島の港には車も置いてあるので、必要であれば島に車を持ち込むことだってできます。だから、本島で車に乗って買い出しに行けば、野菜も生活品も、お金を出せばなんだって手に入ります。

ですが、〝受け取る〟練習だと思って、あえて遠慮せずにすべてありがたくいただくようにしています。「それいらないから」「嫌いだから」と断ることも大事ですが、**愛を与えてくれる人が目の前にいて、その方の気持ちをちゃんと受け止める。**これは**愛を受け止める練習**だなと思っています。

「足りない」「欲しい」「いいなー」と思っているときは、もしかしたら両手を広げて「受け取ります！」と、意識の上でやっていないからかもしれません。

循環を自分で止めずに、回していく。そしてさらに感謝の循環を大きくしていく。与えるばかりでなく、受け取る練習もさせてもらっていると感じます。「愛」という字は真ん中に「心」があり、「受」けると書きますよね。

たとえば、ほうれん草をいただいたら、冷凍して時期をずらして調理をして「お口にあうかわかりませんけど味見してもらえませんか？」と、おすそ分けします。私は自分で野菜を育てる畑を持っていないので、作物を作ることはできませんが、そうやって自分なりにお返しをして、巡らせています。食べ物や生き物は、私たちと同じ命の源ですから。そ

して食べ物にも、神が宿っています。

この感謝のエネルギー循環には、人との交流ももれなく付いてきます。一度でも交流できると、道で会えば挨拶してお互いを気遣えますし、島の港が見える高台にあるベンチでのんびり過ごしている島の人たちも、「ゆんたくしてくかー？」と親切にビールを差し出してくださるんです。

島ではひとり暮らしで、静けさを感じながら暮らしていますが、ひとりぼっちなんだとか、寂しいと思ったことは一度もありません。

都会でも数十年前までは、たとえば街のお魚屋さんがいて、店頭ではその日の新鮮な魚を教えてくれて、「今日は焼いたほうが美味しいよ」「生で食べるといいよ！」なんて交流がありましたよね。今でも地方に行くとまだ残っている光景かもしれません。

久高島では、当たり前のようにみんなが**〝生きた〟交流**をしています。島でとれたお魚をおすそ分けしてもらって、その命をいただく。島の伝統行事に参加させてもらうことも、生きた交流の1つ。この交流は、プライスレスだなと感じます。

島にいると、やはりコミュニケーションの大切さを実感します。神様など見えない世界とのコミュニケーションも大事ですが、人間界のコミュニケーションもとっても大事だと思っています。

私はコーチングやセッションを提供する立場なので、たくさんのクライアントに会ってきましたが、人とのコミュニケーションで悩んでいるという相談を受けることがとても多いです。

コミュニケーションの取り方や距離感の保ち方は、それぞれです。ただ共通して言えることは、**自分のほうからどれだけハートをオープンにできるか**が鍵になっているということ。

ハートが開いていると、それだけ感謝が湧きやすくなるし、感謝したいこと・されることが外からも入ってきやすいでしょう。

現代に生きていると、お金がないことへの不安が、少なからずあるかもしれません。ですが、人とのご縁こそ、人との交流を介して循環することこそ、プライスレスであり幸せを運んでくれるもの。

巡り巡って、私の手元に幸せが運ばれてきたことに、今日も静かに手を合わせて感謝の気持ちから「ありがとう」の循環の恵みをいただいています。

自然と静かに調和して生きる

久高島には、年間6、7万人ほどの観光客が訪れます。ですが、島はとても静か。特に、最終船が島を出た夕方5時以降は、本当に静けさに包まれます。

昼間、人の声や生活音、車の音などは聞こえてはきますが、それすらも島の自然環境に吸い込まれている感覚。人間は自然と共に生き、生かされているんだと感じます。

「雨が降ってくるね」

空は晴れていて、私の目には雨雲なんて見えません。でも、島の人たちは風の流れから天気を読んでいます。

おそらく、天気予報を見て予定を決めることはあまりないのではないかなと思えるほど。というのも、島の人たちは自分の目で見て、肌で感じて、天気の移り変わりを知るからです。そして、その天気をもとに自分たちの動きや予定を変えていきます。

昔、海人（漁師）の方に「夕日が何時か、日の出が何時かくらいは、島にいるんだから覚えておきなさいよー」と言われたこともあります。確かに……と納得しましたが、島での暮らしが慣れてきた今は、時計がなくても太陽の角度で時間を測ることができてきました。もちろん、島の人たちには、到底かないませんが。台風や雨の動きすら、肌で感じる島の人たちは素晴らしいなと思います。

それは、**自然と調和して生きてきた先人たちの知恵と在り方を受け継ぎ、今も体現して**

生きている証しでしょう。

雨が降って屋根を打つ音が心地よく、やっと雨が降った!という喜びが湧いてきます。同時に、「植物が喜んでるな」と思うと、雨が愛おしくなることもありました。雨の日には、家の屋根の下の片隅に、島猫ちゃんが雨宿りに来ていたり……。とてもほっこりする光景です。

島の最終船が出て、太陽の日差しも厳しくなってくると、島の人たちはひっそりと自然の中に出かけ、夕焼けを楽しみ1日の疲れを波の音とともに癒やしています。時には、島を訪れた人が置いていったゴミや物を片づけて、島の環境が変わらないように整えているのです。

島の人たちには、自然への敬意があります。船で海に出たり、漁をしたり、また頻繁に台風が来る南国なこともあり、人間は太刀打ちできないほどの威力が自然にはあることを

知っています。

物はいつかは壊れる。歴史を通じて戦地になってきたことや、数々の台風を経験して、破壊と再生を繰り返してきた土地だからこそ、**穏やかに現実を受け入れて、また再生していく粘り強さや根性、そして内なる静かな強さ**を、島の人々から感じます。これは、久高島だけでなく、沖縄全域に言えることかもしれませんね。


自然への敬意は、島の神様に対する想いと同じです。

自然には神様が宿っている。この島はすべて、神様からの借り物。だから、自然を自分自身のように大切にして共に生きる。

島の人々は、天候が荒れようが、どんなときも、自然と一体化した感覚で静かに共に暮らしています。都会で雪が降るときのように、慌てたりする人はいないのです。


そんな島の人たちに倣って、私も自然と一体となって生きる感覚を目指しています。とはいえ、Tシャツの上からでも刺してくる強力な島の蚊には、ビビっていますが（笑）。

静けさが消える祭祀の日

静かな久高島ですが、年に数回は、三線の音色と歌声が響き、子どもたちのはしゃぐ声が聴こえてきます。

それが、祭祀の日です。

島では、収穫や豊作を祈ったり、健康祈願など、1年を通してたくさんのお祭りがあります。私もそのうちのいくつかには参加させていただきました。

1年のうちもっとも良くない日とされる、旧暦の8月に行われる厄払い「八月マティ」（〝魔〟が入りやすい日があるため、その日は各戸の四方に「シバサシ〈魔除け〉」をさしてヤナムン〈悪霊〉を退散させ、島人の健康と繁栄を祈る）や、旧正月の「シャクトイ」行事などの祭祀では、儀式の後は三線の音色をバックに、島以外に住んでいる家族も総出で、カチャーシー（沖縄民謡）を踊り、とても賑やかです。大人も子どもも、みんなで踊ります。

八月マティの締めは、円になってみんなで踊りますが、それを見ているおばあたちが手をたたきながら、昔を懐かしんでティルル（沖縄の古謡であり〝神遊び〟唄）を口ずさみます。そして息子たちが、男性が主となる太陽神への祈祷《きとう》行事「テーラーガーミー」に出るとなると、いつも以上に応援に駆け付けるおばあたち。そんなふうに、祭祀の日は島総出で盛り上がります。

行事では、島の小・中学生が、飲み物やお料理を配ってくれます。島の子どもたちは保育園児から追い込み漁などを毎年体験し、体を通して海と自然の勉強をしています。島での行事でも役割があるので、子どもたちも積極的に参加しているんです。

そのような島の祭祀には、アマミキヨ様もご先祖様も、森羅万象さまざまな神様も参加しているのでしょう。

祭祀の日ばかりは、いつもの静かな島とは違い、賑やかさに包まれます。

喜びや祈願を、音楽や踊りで表現して神様にお伝えする。そして、島の人々と神様と一体となって、島での暮らしを祝福する。

祭祀の風習が、今もなお大切に島の人たちに継がれているのは、とても素晴らしいなと思います。祭祀を大切にしているからこそ、島の中でも入れない場所があるのです。


旅をするときに大切なことの1つが、**その土地の文化に敬意とリスペクトを払い、歴史やそこに住んでいる方への感謝の思いがあること**だと思います。これは、私が久高島に住んでみて、つくづく感じていることです。私もまだまだ無知ですが、何代にもわたって培ってきたその土地の文化と習慣を大事にしていきたいものです。

リスペクトがあれば、島の人々が大切にしている立ち入り厳禁の御嶽などは勝手に入らないでしょうし、遊泳可能な海岸以外の島内を水着で歩いたりせず、ゴミも持ち帰りますよね。それに、島の人たちが絶対にしないように、島の貝や石、植物を持ち出したりはし

ないと思うのです。

すでにお伝えしましたが、沖縄では、祈ることを「うーとーとー」と言います。漢字では**「御尊い」**と書くようです。

つまり、神様やご先祖様など**御前にいる存在を尊ぶこと**。祈ることは、とても尊い行為であることが、この言葉に込められているのでしょう。

または、**「整う」**という意味もあるという説を聞いたこともあります。

拝んで祈ることで、尊んで整える。ひとり静かに向き合うこともあれば、みんなで歌や踊りとして尊ぶ想いを表すこともある。

その習わし自体がとても豊かですし、私にはうーとーとーは思いやりの表れだなと感じるのです。

比べるのはおこがましいですが、それは私がナース服を着たり、セッションをさせてい

ただいているときに、〝私〟という〝我〟がない状態になるのと、同じ意味があるように思っています。

病気を抱えている患者さんには、それぞれの想いがあり、それぞれ信仰があります。そのため、できる限り目の前の人を尊重して寄り添えるように努めています。

どんなことを信じていて、どんなふうに生きてきたのか。どうやって命を全うしたいと思っているのか。その人の尊厳を守ることで、よき方向へと向かうことができるように。

そんな想いを込めて接している行為は、島の人々が神様にうーとーとーしている時と似た想いなのかもしれないなと思います。

自分の静けさにつながって、自我を極力消して、ただただ相手を思いやる。

島のみんなの健康を願う。そして、島全体の幸せを呼ぶ。

お祭りは賑やかだけど、どこか静けさの中に落ち着きがあり、芯がある島の人のピュアでまっすぐな瞳は輝いています。

島の神様やご先祖様もみんな、その様子を喜んで見守っているのでしょう。

ないけどあることに気づく生き方

久高島に来たことがある人は、こう思うかもしれません。

「何もない島だな」と。

確かに、商業施設もなければ、誰もが知る行列ができる観光名所もありません。豪華なリゾートホテルもないですし（民宿施設はありますよ）、スーパーもコンビニも、電車もバスもない。信号もなければ、電波すら入らないときもあります。

それでも、**すべてある。**

この島にいると、「ないけどある」感覚を知ることができます。

リトリートで来られた方からは、口を揃《そろ》えて「竜宮城みたいでした」と、行ったことはないのでしょうけど（笑）、そんな感想をいただきます。

現代では、特に都会に身を置いていると、何でもありますよね。物もほとんどすべて揃うし、食べ物も選びきれないほどあふれています。知りたい情報はすぐに調べられるし、映画やドラマも観たいときにスマホさえあれば観ることができます。

一見、すべてがある暮らしとは、まるで別の時空間が広がっているのが久高島。それこそ、「何もない」かもしれません。

しかし、電波もなくなって、**ゼロになったときにこそ、湧いてくることや感じること、気づきがある**と思うのです。その状況になると、自分の内からの声が聞こえてくるようになります。

久高島のありのままの自然の中にいると、照りつける太陽を浴び、心地よく肌をかすめる風を感じて、キラキラと輝く真っ青な海の美しさを目にします。そして、もわっとした湿気を含む、密度の濃い空気に身を包まれます。

都会での身のこなしやスキルなどが、剥がれていく瞬間。ただただ、久高島の自然の息遣いを感じ、自分は生かされているんだなと感じることができます。

島の人々も、物質的に富豪ではないですし、持ってない物も多いかもしれません。島にいたら食べられない料理だって多くあります。

私も島を出て市場に行った時、出来立ての島豆腐が売っていたのを目にして、その温かさについ、レジで箸をいただき食べたら、泣けるくらい出来立てが美味しかったのを覚えています。ほかにも、いつも沖縄は夏感覚なので、焼き芋を食べた時も涙が出ました。

たとえば、島に数日間滞在するとしましょう。スーパーもなくてコンビニもありませ

ん。Ａｍａｚｏｎで頼んだとしても、２、３日遅れで到着します。そうすると、必要な持ち物を厳選しますよね。

それに、食事をどうするか考える必要があります。Ｕｂｅｒ Ｅａｔｓを頼めるはずはないし、島のレストランも数軒ありますが、毎日開いているとは限りません。

そうすると、毎日３食食べていた人も、２食にしようとか、１食だけしっかり食べられたらありがたいと思うようになったりします。

もちろん、島にいるとインフラ面や物質的な面では、限界があります。だからこそ、島の人々は人間の本質的な部分が強くてたくましいのでしょう。島で育つ子どもたちも、とてもたくましく見えます。生命力にあふれていますし、それは「ない」にフォーカスするのではなくて、**「ある」もの・ことを大切にしている**からこそなのかもしれません。

家族がいる。食べられる五穀がある。野菜がある。作物を育てる土地があって、雨も降る。この美しい土地で、ご先祖様と島の神様と共に生きている。

すべてがないからこそ、あると気づくことができる。その「ある」を大切にする。

何もない静けさの中にいると、**生きていること、生かされていることの喜びや幸せを味わうことができる**、と久高島に暮らして実感しています。

たとえば、そろそろお刺身が食べたいなーと思うと、「カツオが釣れたよ」「ガーラ食べたことある？」「スクガラスの天ぷら食べる？」「マグロ食べる？」と声をかけてもらえたり、時には「ミジュン（イワシ）の唐揚げ持ってきたから、お皿持ってきなさい！」と玄関先で供給されることも。ほかにも、「イラブーの卵、食べる？」など、次から次へと島の人たちが持ってきてくださります。

ある日、ちょっと落ち込むことがあったのですが、島の人が、月桃の葉の上にバタフライピーの花をこんもり持ってきてくれて、「お茶にするといいですよ」と、そっと渡してくれました。都会でもらった高級なバラ以上に感動して（比べられるものではないのです

が)、ハーブティーを楽しんだこともありました。バタフライピーのティーがあまりに美しいので、視覚も味覚も癒やされたものです。(カラフルな色はチャクラを刺激して活性化するといわれています。チャクラについてはP66を参照)

また、ニガナという植物はそのまま食べると苦いのですが、島の人に教えてもらった通り、細かく切ってアクを抜いて、お刺身やツナ缶と一緒に食べると、整腸剤がわりのハーブとしていただくことができます。時には人生には苦味も必要なので、ニガナが大好きです(笑)。

そのように、「本当に豊かだなぁ」と、ありがたく手を合わせていただく日々。魂は生き物や植物ともつながっているのでしょう。一見、〝ない〟と思える不便さは、苦しいのではなく、楽しいもの。そのまんまが楽なのです。

【column】

久高島のご長寿おじぃとおばあの日々の生き方

ここまででもたくさんお話に登場いただいた、98歳の英雄おじぃと、93歳の気品漂うおばあ。おふたりとは、毎日のようにゆんたくしたり、昔のお話を聞かせてもらったりしています。

おじぃは、人が大好きなだけあり、年齢に関係なく誰とでもすぐに打ち解けられるコミュニケーション上級者。議員さんだったこともあって、おしゃべりの腕も衰えていません。おじぃの頭の中には、戦争時の記憶も、久高島の歴史もはっきり残っているので、ノートに自分の字で記録を続けています。

その記録をまとめ、おじぃは自費出版で『私の生い立ち〜沖縄戦体験記・人生の歩み』という本を出版されました。私は運よく手に入れることができたのですが、それが最後の1冊だったようです。いつか何かの形で復刻できたらいいなと、密かに思っています。

今も好奇心旺盛で、人との交流を楽しんでいるおじいは、島の小・中学生だけでなく、大阪の学生にもオンラインで授業をしているそうです。また、NHKのラジオにも出演され、おじいだからこそ語れる、久高島や戦争の話をされています。

久高島と本島を船で渡れるのは、おじいのおかげだとすでにお話ししましたが、おじいは今も今日の波はどうかな、船が無事に渡れるかなと、気にかけています。

おじいは、ある意味〝予知能力者〟。空を見れば、「あっちから雨風が来るよ」と教えてくれますし、「内地に行くなら、3日後に台風くるからもう島を出たほうがいいよ」と言われ、そうしたこともあります。そしてその言葉通り、おじいの言葉を聞いていなかったら私は飛行機に乗れなかったでしょう。

そんなふうに、今でもおじいの直感は鋭く働いています。五感をフル稼働させることは、長生きの秘訣なのかもしれませんね。

そして、93歳のおばあは、新鮮なお魚が大好き。海からのパワーをいただくときは、とても嬉しそうです。新鮮なものにはパワーが宿っているので、きっとおばあは長生きなんだろうなと思います。マグロもカツオもぺろっと食べますが、決して必要以上の量は食べません。常に腹八分目、夕方4時以降は味見であっても食べないと決めているそうです。

私が食べ物をおすそ分けするときも、そこまでしなくても……と思ってしまうくらい、食べ物に向かって丁寧に拝んでいます。

おばあの家には雨水を貯める場所があって、手を洗うときやお掃除には、水道水ではなく雨水を使っています。

「これは天からもらった雨水だから〝天水〟っていうの」と、教えてくれました。沖縄の離島にいるから、「水も雨も大事。台風が海をかき混ぜると珊瑚も死なないから台風も大事」とわかっているので、台風が来るときは家でおとなしくじっとしているのだといいます。

「ゆうかのことを、わたしはずっと忘れないからね〜」と言って、優しくハグしてくれるかわいらしいおばあ。大好きなおばあと出会えて、本当に幸せです。

セルフ・スティルネスワーク5

感謝と慈悲

ありがとうのワーク

日常生活において、感謝したいことはありますか？　その気持ちをありがとうの気持ちとして書き出してみましょう。

あなたを無条件に愛してくれた人は誰ですか？　あなたが愛する人は誰ですか？

その特定の人への感謝を書き出してみましょう。特定の人は1人だけじゃなくてOKです！

静けさの中深く感謝を感じてみましょう。そして声に出して、「○○さんありがとう」と言ってみてください。伝えたいときは本人に惜しみなく言いましょう。そして感謝を形にして、行動もしてみましょうね。ご縁がつながって循環しますよ。

ありがとうのワーク

日常の感謝

特定の人への感謝

慈悲のワーク

２章でも、言葉の力は自分自身を整えてくれることをお伝えしましたが、「慈悲の瞑想」は幸せになるための呪文でもあります。

自分自身で声に出してゆっくり読みあげ、私の音声（P２７８ ＱＲコードより）を聴きながら心の中で唱えても、心がとっても落ち着きます。リラックスした姿勢を取り、自分の胸に手を当て、感謝している方や大切な仲間を思い出しながらやってみましょう。

慈悲の瞑想は、自己肯定感や自己受容力が上がります。

「自分の感情をコントロールし行動ができ、相手の感情を理解して共感できる」ようになれます。

慈悲の瞑想を行うことで、「感情や共感を司る脳の領域」が繰り返し活性化され、「ネガティブな感情に支配されにくくなり幸福を感じやすくなる」ので、ぜひ静かな時間にやってみましょう。

思いやりあふれる世の中となりますように♡

～慈悲の瞑想～

私が幸せでありますように
私の悩み苦しみがなくなりますように
私の願いごとが叶えられますように
私に悟りの光が現れますように
私が幸せでありますように
私が幸せでありますように
私が幸せでありますように

私の大切な人が幸せでありますように
私の大切な人の悩み苦しみがなくなりますように
私の大切な人の願いごとが叶えられますように
私の大切な人に悟りの光が現れますように
私の大切な人が幸せでありますように
私の大切な人が幸せでありますように
私の大切な人が幸せでありますように

生きとし生けるものが幸せでありますように
生きとし生けるものの悩み苦しみがなくなりますように
生きとし生けるものの願いごとが叶えられますように
生きとし生けるものに悟りの光が現れますように
生きとし生けるものが幸せでありますように
生きとし生けるものが幸せでありますように
生きとし生けるものが幸せでありますように

私の嫌いな人が幸せでありますように
私の嫌いな人の悩み苦しみがなくなりますように
私の嫌いな人の願いごとが叶えられますように
私の嫌いな人に悟りの光が現れますように
私の嫌いな人が幸せでありますように
私の嫌いな人が幸せでありますように
私の嫌いな人が幸せでありますように

第6章

静かに願えば夢は叶う

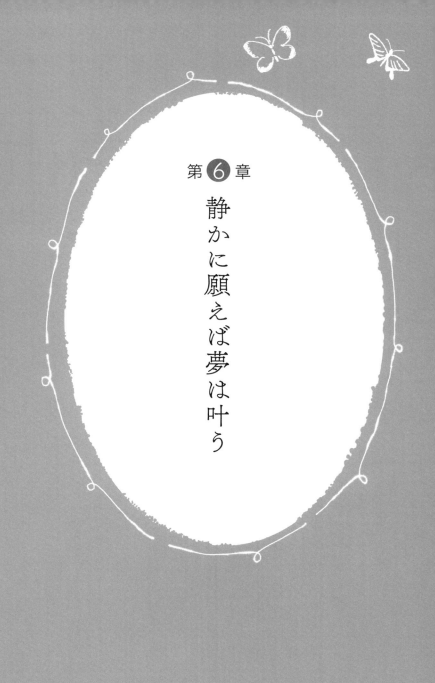

人生はとてもシンプル

あなたには叶えたい夢があるでしょうか？　こうなりたいと思い描く自分の姿や生き方がありますか？

夢を叶えるということは、**自分の未来の扉を開けること**。その扉の鍵は、自分のイメージ力が持っています。これを**「ビジュアライゼーション」**といいます。

そこには、「思考が現実を創造する」という仕組みがあります。つまり、願えば叶うということ。

そう思うと、人生ってすごくシンプルなものだと思いませんか？

私が久高島に来る前は、海に面した葉山で、ヒーリングサロンを開いていました。

それは、「海が見えて、富士山が見える景色の場所でサロンを開きたい！」という、自分の妄想が現実化した場所だったんです。

当初は、自分の想いを具体化させるため、イメージやそのためにできる行動を、1つひとつ付箋《ふせん》に書き出す「付箋ワーク」に取り組んでいました（本書でご紹介しているスティルネスワークの欄に、付箋に書き出して貼ることもおすすめです）。そして、そこに書き出したことに対して順にアクションを起こして、またイメージが出てきたら書き出して……と、集中して妄想していました。そこに書いたことに**執着せず、ワクワクしながら、目の前のことを静かに気分良く楽しんでいった**のです。

すると、本当に理想そのものの物件が向こうからやってきました。サロンの窓からは、キラキラした海が望め、しかも晴れた日には神々しい富士山が姿を現してくれる、最高の場所でした。

とてもお気に入りのサロンだったのですが、建物のオーナーさんが変わるタイミングで、私もそこを離れなくてはならなくなりました。

そこで、私は自分に問いかけてみたんです。

「私は何が欲しい？」

すぐに返ってきた答えは、「青い海と白い砂浜」でした。


その3日後、私は「久高島へ来ませんか？」という移住のお話をいただいたのです。そこから久高島に実際に移り住むまでの道のりは、すでにお話しした通り。10年以上、これで夢を叶えてきましたが、自分の想いやイメージが現実を創るというのは本当なんだなと、今回でも改めて強く実感しました。


これは、私にもできたことだし、誰にでもできること。ポイントは、**いい気分でありありと具体的にイメージすること**。

思考、そして感情も現実を創造するという、人生のシンプルな仕組みを知ると、妄想も夢も叶えることができます。私たちは、創造主ですから。

静かに目の前の人の意識を信じると現実は変わる

現実を変えたい！　自分だけではなく周りの人にももっと幸せになってほしいし、自分ももっと夢を叶えて幸せに生きたい！　そう思って、もがいている人は少なくありません。私がセッションで対面する方たちも、そのように悩んでいるケースが多いです。

特に、医療従事者の方たちは、人の命を預かって支えている立場です。この数年のストレスは、並大抵のものではなかったことでしょう。

看護師の視点から言わせていただくと、私たちはまとっている皮膚を脱いだら、みんな同じ肉体の構造をしています。筋肉も関節も構造は同じですし、臓器も収まるべきところに収まっています。それに心臓だって勝手に動いてくれている。

実はそれって、すごいことだし、**肉体というのは1つの宇宙**だなと思うのです。

他にも、目には見えない何十種類ものホルモンが調律されて働いていてくれていますよね。1、2年だけ動けばいいのではなく、30歳、40歳、50歳、そして90歳と動いている——。見事なバランスで構成されていることを思っても、私たちの**肉体は宇宙を反映している**し、視点を変えたら宇宙そのものと言えるのではないでしょうか。


人間の体というのは、命というのは、ものすごい奇跡だと思います。それは、あなた自身もそうですし、あなたの目の前にいる人もそう。すべての命が大事であって、**自分も愛そのもの、目の前の人も愛そのもの**です。

人生生きていたら、いろいろありますよね。癒やされていないインナーチャイルドや、トラウマが原因で人を信じられなくなることもあるでしょう。そんなときに、自分が相手を信じたら、相手も信じてくれた。信じていなかった相手に裏切られたって思っていたけれど、信じていなかったのは自分のほうだった、と気づくこともよくあります。

もしいいコミュニケーションが取れないことが原因で残念な現実があるとしたら、**目の前の人の潜在意識を信じてみる**ようにしてみてください。

第3章（P137）でお伝えした通り、人の95％の意識は潜在意識下にあって、氷山の下に隠れています。その人の意識のうち、たった5％しか表出していないことを思ったら、その人の本質は隠れている95％にあるかもしれませんよね。その95％の中にこそ、その人の思い描く未来や本当は伝えたい想いがあるのでしょう。

目の前の人を信じられなかったとしても、**その人の隠れた潜在意識を信じる**。それによって、現実は変わってきます。そして、あなたの人間関係も実際に変わってくるでしょう。

この視点は、医療現場でのコーチングでいつもお伝えしています。

たとえば、余命が半年と宣告された高齢の方に接する際、「あと半年なのか」という気持ちからただ過ごすのと、「あと1年、いや2年長生きできる！」という気持ちで関わるのと、どちらが結果的に長生きできると思いますか？

答えは、後者です。やはり患者さんも、周りから生命力を信じてもらい、少しでもハッピーな気持ちで接してもらえると、ご本人も嬉しいと感じて、幸せホルモンが出て生きる力が湧いてくるんです。

たとえ病気があったとしても、人は誰しも生命力を信じれば、幸せを全うして生きられる。いつも「輝け、命！」と、本気で祈っています。その気持ちで寄り添うと、奇跡が起きることもありましたし、現実は変わってくるのです。

どんな状況であろうと、**気持ち、そして意識で現実は変えられます。**

私たちは、肉体を持った人間として、それぞれの人生を生きています。人生を幸せに生きるうえで、神様とのコミュニケーションも大切だと思います。私もアマミキヨ様とのつながりを大切にしていますし、島の神様とのコミュニケーションがあったうえで、「神の島」と呼ばれる久高島での暮らしが成り立っていると感じています。

しかし、やはり大切なのは、目に見える「人対人」のコミュニケーションだと思うのです。そこをジャンプして、目に見えない神様だけとつながろうとしたり、自分を神格化してしまうと、人間としての大切な欠けらを失ってしまうのではないでしょうか。

私の島での暮らしが成り立っているのも、島の人たちのおかげだと、日々感じています。

私が提供している、人とのコミュニケーションについてのセミナーでは、自分の中にある恐れや不安、ネガティブな要素に気づくことで、自然に解除されるワークやセラピーがあります。内なる自分と対話することは、本当はとても地に足のついた行程です。

そこを理解したうえで、人間として人間界で生きている以上、目の前の人と水面下の意識をも汲み取って交流をはかる。そして、自分を信じ、相手も信じて関係を築き、愛を築く。

そうして、人間関係の現実も、幸せへと変わっていくのだと思っています。

自分の夢が持てない人へ

「あなたの夢は何ですか?」

そう聞かれて、今のあなたは即答できますか？　すぐにいくつも答えられる人もいるでしょうし、答えに詰まってしまう、何も浮かばないという人もいるかもしれません。

もし自分の夢が持てないのであれば、子どもだった頃の自分につながってみてほしいのです。このことは第3章でもお伝えしましたが、ここでもう少し深くお伝えしたいなと思います。

私たちはこれまで生きてきて、残念だったこと、悲しかったこと、ツラかったことを少なからず経験していることでしょう。そのような経験を、見直してきたでしょうか？　振り返ることなく、見ないように蓋をしてきたのではないでしょうか？前に進むために、生きるために、蓋をしてきたという人がほとんどだと思います。そうやって、頑張って生きてきたんですよね。

自分の夢が持てなかったり、夢なんて叶えられる人間じゃないと思ってしまったり、人間関係などで問題が起きるとき、実は過去の〝小さな私〟がざわついている表れなのです。

夢がないとダメだと言っているのではありません。夢がプレッシャーとなるなら、**今ある価値観を大切に、コツコツ幸せを積み上げていくこと**のほうが大切です。でも、あなたの可能性は無限大なのです。

そんなときこそ、静かに蓋を開けてのぞいてみることが大切です。

心理学では「インナーチャイルド」に触れるワークもありますが、インナーチャイルドワークの本質は、トラウマを追体験したり、過去の自分がダメだったと落ち込む作業ではありません。本当は、蓋をされて隠されている、ワクワクしている自分やハッピーな自分に出会えるワークなのです。

私が幼い頃、両親は仕事に忙しくて、私たち姉妹は厳しく育てられたこともあり、パチンと叩かれたこともあります。今では、親も必死だったんだなと、心の底から理解できるので恨んだりする気持ちはありません（今でもインナーチャイルドのセッションワークを続けています）。

けれど、もし昇華できなかった場合、こういう細かいことが重なって、親を認められないまま大人になり、年月を経てしまうこともあるのでしょう。私のもとにも、いまだに親と仲が悪いんですと、相談される方はたくさんいます。

しかも、この連鎖は繰り返されます。もし私が、親を理解できず、ほのかにでも恨んでいたとしたら、私の子どもも私を憎んでしまうという連鎖が起きます。そのように歴史的に、恨みや憎しみを積み重ねる家系になってしまうのです。

私たちは、戦争などの困難な時期を経験してきた子孫ですから、過去の苦しみを、

DNAレベルで持ち越しています。その家系の連鎖を断ち切るには、今の私たちが鍵となります。

私たちが、**今こそ家系の苦しみやカルマを手放して、子どもには良いエネルギーだけを渡していけるんだ**という大きな観点から、自分を癒やすことができたら、夢あふれる世界を創っていくことができるでしょう。

それには、私も個別セッションをしていますが、プロのヒーラーやセラピストの手を借りることもできます。または、自分自身でもできます。

自分の中にはハッピーなインナーチャイルドがいることを思い出して、蓋を開けて、楽しかったことやワクワクしたことに焦点を当ててほしいのです。

夏休みにおばあちゃんの家でスイカを食べるのが楽しみだった、プールの後のかき氷がご褒美だった、友達と一緒に隣町に遊びに行くことにワクワクしていた……。

小さいことでいいんです。子どもの自分を思い出すことで、自分の価値観が浮かび上がってきます。そうすると、子どもの頃と大人になった今も、根底の価値観は変わっていないんだなぁなどと発見があるかもしれません。（スティルネスワーク3参照）

たとえば、友達と一緒に何かをすることが楽しいとか、一家団らんの時間が幸せを感じるなど、自分が大切にしたいことは変わっていないと気づけるかもしれませんね。

その価値観や、自分が大切にしたいことの中にこそ、自分の夢は隠れています。

隠れている夢を見つけるには、やはり静かに自分の魂の声に耳を傾け、自分を内観する時間が必要になるでしょう。

目を瞑って、ひとり静かに想像してみましょう。そして、目の前に小さな頃の自分を招き入れ、「よく頑張ったね」と、そっと抱きしめてあげましょう。

自分の目の前に、未来の扉がある。小さな頃のあなたと一緒にそれを開けると、何が見えてくるでしょうか。どんなことをやりたいと思っていたのでしょうか。ハッピーになれることは何でしょうか。

きっと子どもの頃のあなたが、幸せな夢のかけらを握っていますよ。

心にゆとりを持つと余白ができて夢のほうからやって来る

この章のはじめに、夢を叶えるとは未来の扉を開けることであるとお伝えしました。扉を開けるには、イメージ力が鍵となりますが、他にも大切なポイントがあります。

それが、**心にゆとりを持つこと**です。

現代社会に生きていると、常に忙しくて、「TO DO」（やること）リストが、「HAVE TO」（やらなければいけないこと）リストになってしまうかもしれません。

私たちの脳は、余白がないと「アルファ波」になれません。アルファ波は、私たちがリラックスするためには欠かせません。アルファ波の状態になっているとき、イメージも妄想も自由自在にできます。夢を描きやすいということです。

それには、心のゆとりが大切です。

心にゆとりを持つためには、久高島のような静かな環境に身を置くことも1つでしょう。

または、この本に特典でつけたような誘導瞑想の音源を流したり、マインドフルネス瞑想を学んでみるのもおすすめです。瞑想とは〝無になること〟と思っている人もいるかもしれませんが、瞑想を通して「今この瞬間」に気づくことから始めるとよいでしょう。ほかにも、想いを書き出してみたり（〝書く瞑想〟であるジャーナリング）、意識を自分の体1つひとつに集中させたりと、いろいろな方法があります。

しかし、どんなツールを使っても、ゆとりがなくて頭の上に雲がかかっていると、天からのメッセージを受け取ることは難しいものです。

未来の扉を開くには、**自分がプラーナ管**（スティルネスワーク1参照）となり、**天と大地とつながって一直線のパイプになっている**とイメージがしやすくなります。管がクリアであればあるほど、イメージが〝降ってくる〟ようになるので、スティルネスワーク1の浄化とプロテクションを常に行いましょう。

できる方は、1日5回くらい、トイレに行ったついでにでもよいので、イメージするように気にかけてみてください。

心に余裕を持って、未来の扉を開くイメージをしながら、**自分の夢を妄想する習慣**を持つようにしてみてください。

そして、簡単なことからアクションしてみましょう。たとえば、旅行に行きたいという夢があるなら、スケジュール帳を開いて計画を実際に立ててみます。旅行先ではどこに泊まろうかな、何をしようかな、何を着ていこうかな……。お金も時間も関係なく、実際にイメージしてみましょう。「5W1H」（いつ・どこで・だれ・何が・どのように）を、自分で作り出す妄想の世界でイメージしてみるのです。

もしイメージするのが難しい場合は、お風呂に入ってリラックスしながら、漠然と妄想してみてください。

それが、未来の扉が開いたということ。

心のゆとりがある状態でイメージすると、感情もハッピーになります。

嬉しい、幸せ、ワクワク、ウキウキ！

こんな感情を、静けさの中で感じることができたときは、GOサインが出たということ。

感情とイメージが一体化すると、ストンと自分の中で腑に落ちる感覚を覚えます。その時、静けさの中にいます。

静けさの中でハートが温かくなり、情熱を感じたら、「そのイメージ、即行動していいよ！」というサイン。きっと夢がすぐに実現するでしょう。

俯瞰した視点で自分を見る

情報社会といわれる現代では、自分から求めていなくても、余計な情報まで入ってきてしまいます。そういう状況だと、心のゆとりも奪われてしまい、妄想しようとしても、すぐに現実に引き戻されてしまうかもしれませんね。

そんなときは、今の環境から少し離れてみることがおすすめです。

たとえば、子育てや家事、お仕事に追われて、なかなか自分の時間が取れないなと感じるなら、ひとりになれる環境に出かけてみる。または、そういう時間を確保してみましょう。家族が誰も起きていない朝早い時間に、いつもより10分早起きしたり、ひとりでカフェに行ってコーヒーを飲んだりするのもいいですね。私の場合は白湯を沸かしてゆっくり飲んでいます。それだけでも、自分ひとりになれる**静けさの儀式**の時間に身を置けます。

極端にいえば、お寺で座禅を組んだり、写経をする時間などもいいですね。もちろん、久高島まで飛んでくることもおすすめですよ（笑）。私はよく、久高島で日の出を見ながら、しゃべらない無言の時間を作ることでリセットしています。

そのように静けさの中にいる時間が、とても大切です。

なぜかというと、その静けさがないと、意識が外向きになり、自分が分断されてしまうから。意識を内側へ向けて自分とつながる時間がないと、ストレスになってしまうのです。

ひとり静けさの中にいる時空間で整うと、俯瞰《ふかん》した視点で自分や自分が置かれた状況を見ることができます。

その視点からだと、ドリームタイムライン（P263参照）も俯瞰して見ることができるので、夢に近づくためにできる行動が、冷静に1つずつ見えてきます。

俯瞰した目線とは、いわば神様の目線。

「もしあなたが神様だったら、今のあなたになんて言う？」

静けさの中、俯瞰した状態でこの質問を自分に投げかけてみてください。そうすると、自分がするといいことの答えが降ってきたり、幸せへと続く方向が見えてきたりするでしょう。

静けさの中ハッピーを感じると夢が早まる

静けさの中に身を置いて、俯瞰して、そしてイメージして妄想する。

これが、夢を叶える道のりですが、その道のりを最短で近道したいと思いませんか？

その方法が、妄想を叶える**「今」の私が気分よくハッピーであること**です。

イメージをして、それを叶えるためにできることを1つひとつ挙げていって、いざアクションしていても、その過程が苦しいと感じるでしょうか。

もし苦しい、ツライと感じるようであれば、その夢は、今がタイミングではないのかもしれません。または、本当にあなたが叶えたい夢ではなく、誰かの真似をしてみようとしていたり、誰かから認めてもらいたいゆえにイメージしているのかもしれません。

妄想だとしても、それを叶えようと前を向いている「今」の私がハッピーを感じていること。もしハッピーだと感じているなら、その夢はスピードを速めてあなたのもとへやってきてくれるでしょう。1年先だと思い描いていたイメージが、3か月先だった、なんてことが起きるかもしれません。

今、私は幸せかな？　静けさの中にいる自分を大切にできているかな？　自分らしいイメージができているかな？

そう自分に常に問いかけてあげてみてください。

久高島の98歳のおじいに、夢を聞いてみました。すると、いつもの朗らかな笑顔で、こう教えてくれました。

「みんなが立ち寄れるカフェがあったらいいなぁ」

今、具体的に動かれているわけではありません。まだ漠然とした夢かもしれません。けれど、人と接すること、人の笑顔を見ることが大好きなおじいは、カフェがあったらやりたいことを、すでに叶えているようにも思うのです。

いつか本当に、おじいのカフェが久高島に誕生する日が来るのかもしれませんね。

夢が叶うから幸せなのではありません。幸せに生きているから、夢は叶います。

たとえ夢の途中だとしても、未来への扉はすでに開いています。ですから、「今ここ」

で気分良く幸せに毎日を生きてください。夢を生きるのです。

きっと、思いがけない未来が待っていますよ。妄想した瞬間から、もうそうなっていますから！

【column】

海のシケが教えてくれる、ゆだねることの大切さ

久高島は〝呼ばれないと行けない島〟といわれる、島全体が聖地である神の島。住む前から「明日、海がシケて船が出ないから早く帰りなさいよ」と、旅の途中で言われることもしばしばありました。住んでみても、最終の船が17時なので、必然的に門限がその時間です。島暮らしはとても楽しいのですが、本島へ買い物に出ても時間を気にしながら過ごしています。島へ渡れなかったら、野宿かホテルを探すしかないのです（笑）。

数年前の旧正月、島へ渡ろうと余裕をもって那覇から安座間港へ向

かったのですが、その日はシケで渡れませんでした。ですが、港に着くと久高島のほうへ虹がかかっていたのです。

「明日こそは渡れますように……」と拝み、対岸の宿を調べ予約をしたら、そこの宿のおじいが、素泊まりなのに夕飯を作ってくれたんです。楽しく〝ゆんたく〟をし、次の日の朝、x（旧ツイッター）でギリギリ船が出ることを知り、旧正月の3日目にやっとの思いで久高島の船に乗り込みました。

波風も強く、船も揺れ……。でもやっと久高に渡れる!と、嬉しい思いで外を眺めていると、なんと大きな大きな虹が船上から見えたのです！　これは奇跡なんじゃないかと思うような景色でした。

そして、その虹をくぐり、ちょっと船酔いしながら、やっとの思いで徳仁港に到着。宿の方がお迎えに来てくれる中、また空を見上げると、フェリーの上に大きな虹が現れたのです（p268写真参照）。

「やったー!!　虹をくぐって、たどり着いたー！」

「旧正月早々、とっても縁起が良いな。アマミキヨ様、歓迎してくれてありがとう！」と勝手に、「私ってラッキー！」と思ったものです。

そして島の方と、御節料理を作ったり、お正月のお祈りをさせてもらったりと、多幸感にあふれるこの島に、「あぁ、いつかこの島に住んだりできたら、幸せだろうな〜、嬉しいな〜。……てか、住めるのかな？」なんて、ふとよぎったものでした。

ありがたく、今、実際に住んでみて、久高島ではますます時間がゆったり過ぎてゆきます。でも、天候や海の様子には逆らえません。台風だからって怒る人なんて誰もいません。

旅をするとき、帰りの飛行機までスケジュールをぎちぎちに立ててしまった場合、久高島には、もしかしたら渡れないこともあるかもしれません。そんな時に私は、「人生のお試しがやってきた！」と思うのです。だからこそ、心や時間に余裕、余白を持つことで、その出来事をどうとらえるかが変わってくるのではないでしょうか。

決意をしてリトリートに来られる方の中には、飛行機に乗っている間に問題が解決したということもあります。

「渡れないから、呼ばれていないのでは？」

と言われる方がたまにいるのですが、島の神様は人を選んだりしているわけではないと思うのです。

物事には、表と裏、陰と陽があると思います。でもその出来事の良い部分を切り取って、「今できることはなんだろう？」と最善を尽くしたら、ある程度ゆだねて、ずっと心配な気持ちで過ごすより、気分よく過ごしたほうが、きっと「今ここ」の在り方で幸せに、ずっと未来も続いていくのです。

人生の岐路に立ったとき、どっちに転んでも楽しめるように準備をしていたらよいと思います。1本のタイムラインに乗るだけではなく、何本も幸せな道があなたの前に広がっています。

ぜひ幸せな未来への道を何本も用意（イメージ妄想）して、チャンスが来たら「えい！　今だーー!!」と、その風に乗っちゃってみてくださいね。きっと軽やかに簡単に、ふわりと次元上昇できるかと思います。

あなたの未来にも、たくさんの虹が待っていますよ。応援しています。

セルフ・スティルネスワーク6

夢や未来を近づける

必ず〈セルフ・スティルネスワーク1〉をやった後にイメージしてみてください。

夢を見つけるワーク

あなたの夢やなりたい未来が近づいて叶うワークを静かな場所でしてみましょう。

目を閉じて想像してみてください。あなたの未来の扉を開けましょう。どんなビジョンが降りてきましたか？　ビジョンを絵に書き出してみてもいいかもしれませんね。

そして次のページの項目に書き出してみてください（付箋を使うとその後のタイムラインに貼り出しやすいです）。

書き出したら、ドリームタイムラインに時系列で順番として並べてみてください。

そして並べ替えたりして俯瞰（客観視）します。手帳などに書き出してみると、潜在意識から出た願いはきっと叶うので、ワクワクしながらやってみてくださいね。

あなたのなりたい！を見つけるワーク

欲しいもの

やりたいこと

行きたい場所

なりたい状態

未来へのアクション

今までやっていたものをやめる

新しく始める

ドリームタイムライン

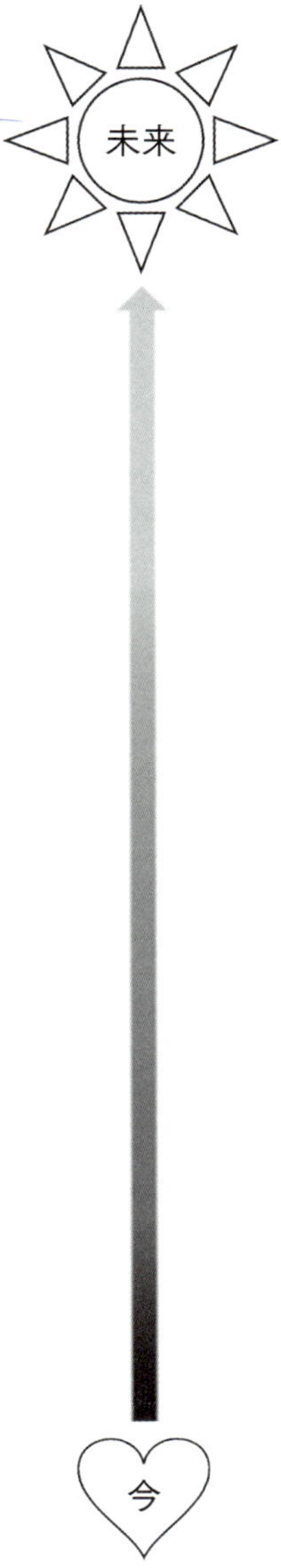

あなたの夢のための
ベイビーステップ
（小さな一歩）
何をしますか？

タイムラインツリー

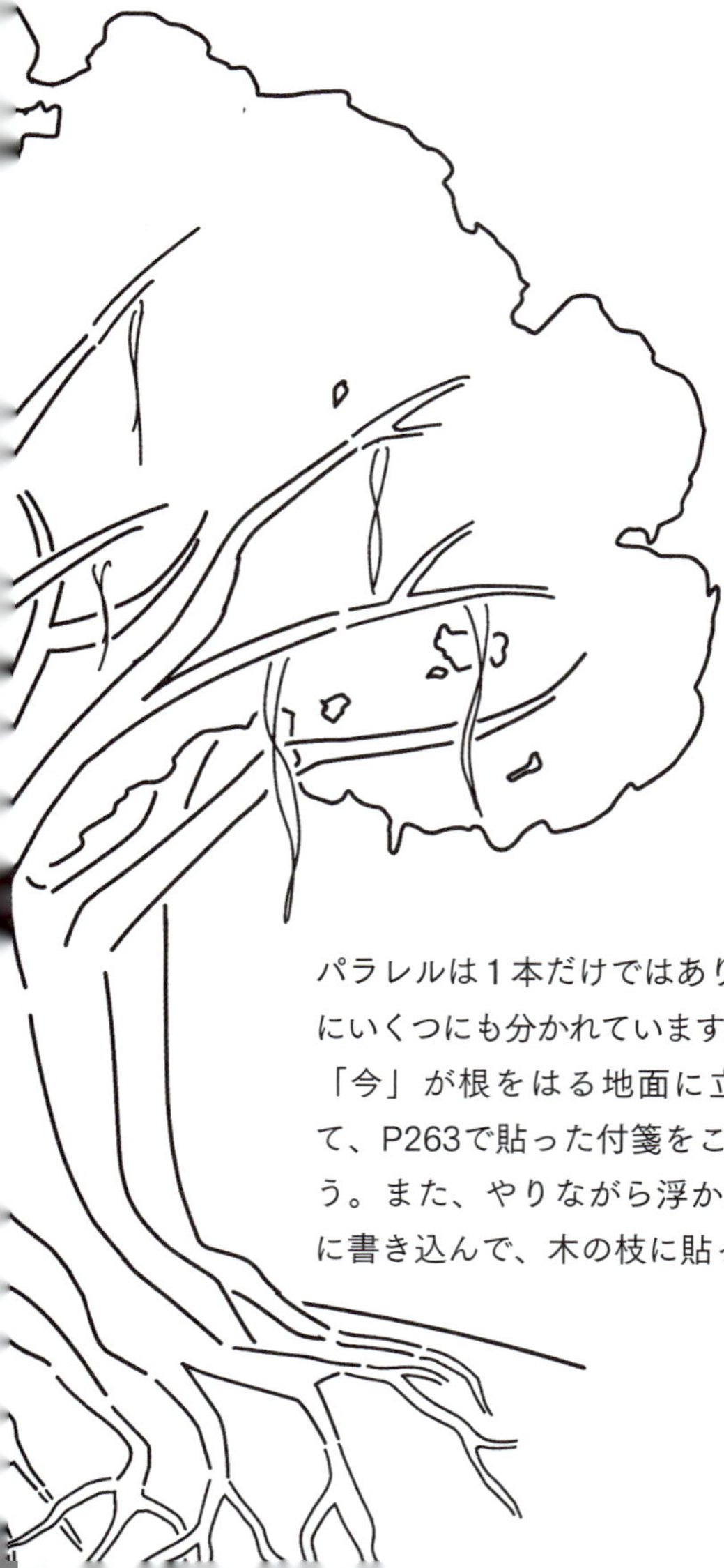

パラレルは１本だけではありません。この木枝のようにいくつにも分かれています。
「今」が根をはる地面に立っているとイメージして、P263で貼った付箋をここに貼り換えてみましょう。また、やりながら浮かんだことは追加して付箋に書き込んで、木の枝に貼ってみましょう。

本書を読み終えて気づいたこと、降りてきたイメージを、ここに自由に書き出してみましょう。

久高島の徳仁港でお出迎えしてくれた大きな虹

LINE登録（P278のQRコードより）していただいた方に、
著者撮影の久高島のエネルギーがこもった貴重な写真をプレゼント！

おわりに

この本を最後まで読んで、そして使ってくださり、ありがとうございます。

読み終えた今……あなたの中にはどんな静けさが流れていますか？

落ち着き、幸せ、充実感、納得感、満足感、そわそわ、ワクワク……など、さまざまな感情に出会っていることでしょう。そして、あなたが取り入れたい「静かな内なる習慣」はありましたか？

静けさの中で感じる感情は、ネガティブでもポジティブでも、悪いものは1つもないのです。すべては大いなる気づきのための、あなただけの大切な価値観やビジョン。そして、幸せへのプロセスの途中です。

シンプルに、〝今ここ〟を感じてみてください。

頭の中が同じことで、〝ぐるぐる思考〟にがんじがらめのときは、そこから離れて逃げるだけ。うるさいときは、静かな世界へ入るだけ。

あなたにぴったりな、静かな世界はどんな世界でしたか？

私にとってはコレ！という静かな習慣が、何個も見つかるとよいですね。

時代はどんどん、新しい地球へと移り変わっていきます。天体も、環境も、本格的な自由な風の時代へと変化していますから、成功法則も今までとは違ってきます。

たとえば、ウェルネス、ウェルビーイング、スピリチュアル・ケアなど、さまざまな自己探求や癒やしの方法がありますが、ひっくるめて何が大事かを一言で表すと、**「生きがいづくり」**だと思うのです。

スピリチュアルとは、あなたの日常の中にすでに存在していますし、私たちの存在そのものがスピリチュアルです。ですから、本来の精神世界とは、スピリチュアルとリアルを分けるものではなく、いつもあなたのハートの中にあるのです。

そのことを前提に、誰もが思いやりとやさしさを持って、心をよりケアできる世界になることを願っています。

それがひいては、世界平和につながることを祈って……。


現代の私たちは、なかなか静かな時間を過ごすことが難しいかもしれませんが、久高島では「何もないけど、何かある」と感じることができます。

〝無〟や〝空《くう》〟の世界への到達を思い描きながら、動きを止めて静かな空の狭間に入ると、ありありとあふれてきます。

つまり、あなたの中に、あなたが求めていた答えはあるのです。

よく瞑想誘導をすると、「はじめて光が見えた」と、感動して泣かれる方がいます。そんな日常で起こり得るキラキラした光を、この本にたくさん散りばめてみました。

もし心に闇が訪れても、その闇を払えた時には、神様は見えなかったとしても、風や天気などの自然を介して合図を出してくれるでしょう。

2025年は、龍が昇り、そして誰もが大きく手を広げる鳳凰《ほうおう》のように飛躍していくように感じます。

久高島には竜宮神が住んでいる説もありましたが、久高島を後にしたお客さんはみんな口を揃えて「竜宮城に行ったみたいだ」とよく言われます。

「竜章鳳姿《りゅうしょうほうし》」という言葉がありますが、竜や鳳凰のように、威厳に満ち、静けさの中、内面の充実が外面に現れて気高い姿をしているさまだそうです。

「竜」「鳳」は、吉祥でとても縁起が良いものです。久高島のイザイホーの資料にも残っていますが、おばあもイザイホーでは鳳凰と太陽が描かれた大きな扇で踊られたとか。私も旧正月の朝日の光や、雲の形で大きく手を広げている鳳凰の姿を久高島ではよく見かけます。

どうか、あなたの中の龍神様と鳳凰様が芽生えますように。

そのためには、**いつも気分よく、機嫌よくいて**くださいね。そして、この本のワークを何度もやってみてください。定期的に講座もやっていきますので、ご興味ある方はぜひご参加くださいね。

そして、**生きることをあきらめないでください。**

あなたが人生の主人公です。そして、あなたの可能性は無限大です。

これから、この世界はますます、あなたが選ぶエネルギーであふれていきます。

すべてのものにエネルギーがあるのです。そして、魂はずっとずーーっとつながってゆきます。

だから、あなたがシンプルに簡単に選ぶだけでいいのです。

幸せなエネルギーで自分を満たしたら、それを無償の愛で引き渡すだけ。すると、**あなたの目の前の人にも愛があふれ、その先のほうへ、そうして世界の裏側まで、大地や宇宙までもそれがきっと届く**のです。

それこそが、**愛の循環**です。

まずは、この本を読んで、たくさん自分を愛でて満たしてあげてください。満たせば満たすほど、執着は解《ほど》けて、溶けていきます。

あなたは本当に頑張ってきましたね！　大丈夫！

自分をいっぱい抱きしめて、周りのぬくもり、やさしさも感じてください。

私はあなたを信じています。愛は分かち合うほど増えてゆくのです。


あなたにとって、あなたは世界でたったひとりのあなたです。

魂の旅を、愛と光の存在のあなたとして、虹の射すほうを目指して続けていきましょう。

愛こそすべて　－LOVE is all one LOVE－

この本が完成する直前に、島のおじいとおばあに原稿を朗読させてもらいました。そして、それぞれにこんな質問をしてみました。

「若い世代を含め、この世に何を伝えたい？」

別々に聞いたにもかかわらず、2人とも一言、「世界平和」と即答されました。長寿の秘訣は、誰かを想うこと。その力強い言霊に、涙があふれました。私たちもその想いを受け継ぎたいものです。

最後に、島の神様はいつもあなたのそばで見守っています。私もあなたの幸せ、喜び、豊かさを祈っています。

いつか愛に満ちたあなたと、久高島もしくはどこかでお会いできることを楽しみにしています。応援しています。

琉球発祥の地、沖縄久高島から愛を込めて

YOUKA

SPECIAL THANKS

本田健　穴口恵子　和田裕美　小熊弥生　武田双雲
岩井俊憲　平本あきお　宮越大樹　吉田昌生　高野登　高橋恵
トリシア・カエタノ　ジュディス・ディロジャー
ロクサーナ・エリクソン　ワイス博士　Kaz Ogawa
中本勝得　静岡の元教師すぎやま＆チーム新時代
平光源・凛　星野美和　とみたえみ
ゆうか出版応援チームの皆様
山本浩士　桶本美哉そしてママちゃん　長谷川めいこ
坂本みお サクラちゃん
渡辺哲弘　内田香織　安藤友彦　佐藤美幸　佐藤真由美
医療福祉コミュニケーションカレッジ卒業生の皆様
山本時嗣　澤田美希

母 幸子　父 章　息子 RYU とパパ

大好きなおじい内間新三さんとご家族様
愛するおばあ喜久さんとご家族様
ai ちゃん　久高島の皆様

母校 3N のみんなと鈴木均先生 患者様　利用者様
関わったすべての医師 看護師　介護士
専門職の皆様　お世話になった皆様

アマミキヨ様　島の神様そしてご先祖様　日本中の神仏様
すべてに感謝します。

（敬称略）

引用・参考文献

●文献１

『日本人の魂の原郷　沖縄久高島』比嘉康雄 著／集英社新書

●文献２

『未来は、えらべる！』ダリル・アンカ、本田健 著／ヴォイス

●文献３

『死を力に』山本時嗣 著／光文社

読者限定プレゼント！

問いかけを、感じて答えて書き込むだけで、
願いがどんどん叶い始める！

スティルネス・ワークブック

夢を叶えるために、自分を好きになるために、
「静かな時間」を習慣化しましょう。
簡単にできるセルフ・スティルネスワークブックを、
本書の読者のあなたに特別にプレゼントいたします。
下記のQRコードからLINE登録していただくと、
ワークブックをお受け取りいただけます。

YOUKA 公式 LINE はこちら

本書でご紹介した「セルフ・スティルネスワーク」の
誘導瞑想の音声ガイダンスも
公式 LINE よりお聞きいただけます

※特典の配布は予告なく終了する場合がございます。
※ PDF、動画、音声の配信はインターネット上のみになります。ご了承ください。

YOUKA（ゆうか）

Stillness healing 創始者
エグゼクティブコーチ。看護師。株式会社 COCORL 代表取締役。
福島県生まれ。沖縄久高島在住。

看護学校卒業後、関東の大学病院手術室、救命救急センターに勤務。激務にて「燃え尽き症候群」となり休業。その後、結婚。医療介護系専門学校の教員として従事。実家の経営が傾き父が突然自死する。自身も離婚など苦しむも、その後再婚し、出産をする。主婦、育児の傍ら、介護学校の教員、訪問看護師として活動するも、ワンオペ状態ながら頑張りすぎたのか、流産し子宮頸ガンと診断される。

小さい時から「いいイメージをするといいことが実現する」という体験から、ガンが消えている状態をイメージし続けると、奇跡的にガンが消えた。ただその後もワンオペ育児に疲れ、体調不良は改善できずウツになったことから、心のあり方を学びはじめ、京都の三十三間堂に初参拝した時に癒やされ、感性が開きスピリチュアルなメッセージや存在たちに気づくようになる。

その後、アドラーの「人生は死ぬ三日前からでも変えられる」という言葉を聞き、アドラー心理学を学ぶ。その学びを、患者さんやスタッフ、介護看護する方へ実践すると、心地よい人間関係に劇的に変えることができたので、医療福祉コミュニケーションカレッジを立ち上げる。講演会やセッションに累計5万人に提供することで、医療福祉業界の離職ストップのために貢献する。

心を導き、本人の本当の思いを引き出すコーチングセッションをする。すると相手のビジョンがありありと脳裏に浮かぶようになり、のちにこれがチャネリングだと知る。コーチングとは別のアプローチから深い心の傷を癒やそうと創意工夫することで、オリジナルメソッド「Stillness healing（スティルネスヒーリング）」を開発し、好評を得る。

医療業界のみならず、子育てママから起業家、政治家、著名人、アーティスト、専門職の心と体を癒やし続けている。全国にてワークショップや、沖縄久高島を拠点にリトリートツアーなど、多岐に渡り活躍中。

Instagram、各種 SNS、講座やセッション、
講演会の依頼などはこちらから
https://lit.link/youka

Publishing Agent　山本　時嗣（株式会社ダーナ）

限りある人生は静けさの中で

神の島に暮らすおじいとおばあが教えてくれた内なる習慣

2025年4月15日　第1版第1刷発行

著　者　YOUKA
編　集　澤田　美希
イラスト　RYU
デザイン　藤井由美子
校　正　野崎　清春

発行者　大森　浩司
発行所　株式会社 ヴォイス　出版事業部
〒106-0031 東京都港区西麻布3-24-17 広瀬ビル
☎ 03-5474-5777（代表）
FAX 03-5411-1939
www.voice-inc.co.jp

印刷・製本　映文社印刷株式会社

ISBN 978-4-89976-587-5 C0011